Natalika Kraft

Entspann dich, sonst mach ich's!

Die humorvolle Anleitung
zum stressfreien Leben

IMPRESSUM

Natalika Kraft wird vertreten von:

Natalya Cernov
Thüringer Str. 47
73207 Plochingen
Lik.Verlag@gmail.com

Angaben und Hinweise in diesem Buch wurden von der Autorin sorgfältig überprüft, jedoch wird keine Garantie übernommen. Die Autorin und Herausgeber können für eventuell auftretende Fehler oder Sachschaden nicht haftbar gemacht werden.
Das Werk ist urheberechtlich geschützt. Die Vervielfältigung und Verbreitung, außer für private, nicht kommerzielle Zwecke, untersagt und wird zivil- und strafrechtlich verfolgt. Dies gilt insbesondere für eine Verbreitung des Werkes durch Fotokopien, Film, Funk und Fernsehen, elektronische Medien und Internet sowie für eine gewerbliche Nutzung der Rezepte, Anleitungen oder Ähnliches.

Designend by LikVerlag
Copyright © LikVerlag 2024 - Alle Rechte vorbehalten

Inhalt

Willkommen im Chaos! — 7

Teil 1: Die Welt des Stresses - Der Wahnsinn in deinem Alltag — 10

- Lisa, die rastlose Perfektionistin — 11
- Nina, die „People Pleasers" — 29
- David, der Smartphone-Sklave — 36

Teil 2: Stress Detox - Die Rettungsmission für deinen Kopf — 46

- Jonas, der Krisenmeister — 47
- Sarah und die Kunst der Mikro-Pausen — 53
- Der 14-Tage Stress Detox Plan — 61

Teil 3: Resilienz 2.0 - Dein inneres Upgrade — 67

- Die 3 Säulen der Resilienz - Ein inneres Upgrade — 68
- Die Kunst, inmitten des Chaos ruhig zu bleiben — 73
- Die emotionale Entgiftung - Loslassen, was dich festhält — 78
- Von Panik zu Power — 83
- Gelassen stark: Der Alltagstest für deine Resilienz — 88

Teil 4: Der Held in dir - Deine Geschichte schreiben — 93

- Schreib deine eigene Geschichte - Jetzt! — 94
- Resilienz-Mantras für jeden Tag — 99

Epilog: Das Abenteuer hat gerade erst begonnen — 104

Zusätzliche Inhalte — 108

- Cheatsheets und Notfallpläne: Die besten Tipps und Tools auf einen Blick — 108
- Reflexionsfragen für zwischendurch: Kleine Check-ins, um den Kopf klar zu halten — 114

Entspann dich, sonst mach ich's!

Die humorvolle Anleitung zum stressfreien Leben

„Entspann dich, sonst mach ich's!" - klingt frech, oder?

Aber mal ehrlich: Du hast doch selbst genug vom ewigen Kopfchaos, dem Gefühl, die Kontrolle zu verlieren und nachts wach zu liegen, während die Gedanken Samba tanzen.

Keine Sorge, dieses Buch ist kein Lehrbuch und auch kein spiritueller Ratgeber, der dich in die Lotusposition zwingt. Hier geht's darum, das Leben wieder locker zu nehmen - ohne es aus den Händen zu verlieren. Stress loswerden, die Coolness zurückholen und endlich wieder das Steuer übernehmen.

Bereit? Dann schnall dich an, es wird Zeit, dein Leben zurückzuerobern!"

Willkommen im Chaos!

Stress, Überforderung, das ewige Gefühl, dass die Welt in Flammen steht und du mit einer Gießkanne in der Hand dastehst. Klingt vertraut? Willkommen im echten Leben, in dem wir alle versuchen, irgendwie den Kopf über Wasser zu halten, während die To-Do-Listen wachsen und der innere Frieden zum Phantom wird.

Es gibt Tage, an denen du dich fragst, ob das jetzt wirklich „das Leben " ist. Du funktionierst, irgendwie, stolperst von einem Problem ins nächste, wartest ständig auf das Wochenende, auf die Ferien oder einfach darauf, dass mal jemand die Pause Taste drückt. Doch die Pause Taste bleibt stumm. Und während du im Meeting lächelst oder dich durch den Alltag quälst, fühlt sich dein Kopf an wie ein knatterndes Radio, das in Dauerschleife auf maximaler Lautstärke läuft.

Aber hier kommt die gute Nachricht: **Du bist nicht allein** - und du bist definitiv nicht kaputt. Die meisten Menschen fühlen sich in diesem Stress-Dschungel genauso wie du. Was fehlt, ist oft nicht ein weiteres Selbsthilfe-Mantra oder ein wohlgemeinter Ratschlag von jemandem, der sich gemütlich in den Ruhemodus verabschiedet hat. Was du brauchst, ist ein echter Begleiter auf Augenhöhe, der weiß, wie es ist, wenn einem das Leben den Atem raubt und das Gedankenkarussell nicht mehr stoppen will.

In diesem Buch bekommst du keinen erhobenen Zeigefinger, keine Predigt über die fünf ultimativen Schritte zur Glückseligkeit. Denn mal ehrlich: Hättest du darauf noch Bock? Stattdessen lade ich dich ein, einen Weg zu entdecken, der dich nicht dazu zwingt, der neue Zen-Meister von Hintertupfingen zu werden, sondern dir hilft, dein eigenes Chaos besser zu verstehen und wieder Herr

der Lage zu werden – auf deine ganz eigene Art und Weise.
Denn, und das ist mein Versprechen, **Stress ist nicht dein Schicksal.** Du bist kein Opfer von äußeren Umständen oder der Tatsache, dass es der Rest der Welt einfach nicht auf die Kette kriegt. Du hast viel mehr Einfluss, als du denkst. Aber es braucht manchmal eine andere Perspektive, um das zu erkennen.

Was dich erwartet? Wir werden lachen, vielleicht ein bisschen über das Leben schimpfen und zwischendurch auch mal einen ernsten Blick auf die Dinge werfen. Aber wir werden den Stress nicht verteufeln, sondern ihn zähmen – so wie man ein wildes Pferd nicht bricht, sondern seinen Willen lenkt. In den nächsten Kapiteln wirst du Menschen kennenlernen, die genauso wie du im Strudel des Alltags feststecken und sich fragen, wann sie endlich mal wieder Luft holen dürfen. Und du wirst sehen, dass der Ausweg nicht darin liegt, ständig schneller zu rennen, sondern vielleicht genau das Gegenteil zu tun.

Also, schnapp dir einen Kaffee (oder Tee, wenn das dein Ding ist), lehn dich zurück und lass uns herausfinden, wie du vom überforderten Gedankenjongleur zum Meister deiner inneren Ruhe wirst.

Willkommen im Chaos – und willkommen auf deinem Weg raus aus dem Wahnsinn.

Teil 1: Die Welt des Stresses - Der Wahnsinn in deinem Alltag

Lisa, die rastlose Perfektionistin

Lisa scrollt durch ihren Instagram-Feed und lächelt zufrieden. Das Foto von ihrem perfekt angerichteten Frühstück hat schon über 200 Likes gesammelt. Sie zoomt auf das Bild und nickt innerlich - der Avocado-Toast sieht tatsächlich aus, als stamme er direkt aus einem Food-Magazin. Neben dem Frühstück arrangiert: ein aufgeklapptes Notizbuch, ein schlichter, aber edler Kugelschreiber und im Hintergrund eine große

Zimmerpflanze, die wie zufällig genau den richtigen Akzent setzt.

"Sieht super aus, oder?", fragt ihr Mann Tom, als er vorbeigeht und einen flüchtigen Blick auf ihr Handy wirft. Er meint es als Kompliment, aber für Lisa klingt es eher wie eine Bestätigung, dass alles noch besser sein könnte. „Ja, ganz gut ", murmelt sie, ohne aufzuschauen, und speichert das Bild in einer ihrer unzähligen Sammlungen ab.

Lisa ist eine Perfektionistin. Sie plant ihr Leben wie andere ein Projekt - bis ins letzte Detail durchdacht und optimiert. Das beginnt morgens um sechs, wenn sie sich ins Badezimmer schleicht, bevor der Rest der Familie aufwacht. Die Kinder schlafen noch, und die Welt scheint für einen Moment in perfekter Balance zu sein. Lisa benutzt diese frühen Stunden, um sich fertigzumachen, E-Mails zu checken und die To-Do-Liste des Tages zu überarbeiten.

Doch schon bei der dritten Tasse Kaffee spürt sie das vertraute Ziehen im Bauch - diesen Knoten, der sich immer dann zusammenzieht, wenn sie das Gefühl hat, die Kontrolle zu verlieren. Heute ist es ein Meeting um 14 Uhr, bei dem sie ein wichtiges Projekt präsentieren muss. Alles muss reibungslos laufen, sie hat den Bericht zehnmal überarbeitet und die Präsentation im Schlaf durchgespielt. Trotzdem bleibt da dieses Gefühl: Was, wenn ich etwas übersehen habe?

Sie geht in die Küche, um den Kindern Frühstück zu machen, und findet ihren Sohn Tim vor dem Kühlschrank. „Mama, wieso arbeitest du schon wieder? ", fragt er verschlafen. Lisa lächelt gequält und versucht, sich auf das Hier und Jetzt zu konzentrieren. Tim redet weiter, während sie mechanisch Marmelade auf Toast streicht, doch Lisas Gedanken schweifen ab. Im Kopf geht sie noch einmal die Folien durch, prüft die Reihenfolge und überlegt, ob sie noch eine zusätzliche Grafik einfügen soll.

„Mama, hörst du mir zu? " Die Stimme ihres Sohnes reißt sie aus ihren Überlegungen. „Ja, klar, Schatz ", lügt sie, während sie sich innerlich zusammenreißt. Sie sieht die Enttäuschung in seinen Augen, aber schiebt den Gedanken weg. Dafür bleibt jetzt keine Zeit.

Im Büro angekommen, betritt Lisa das Konferenzzimmer und positioniert sich so, dass sie die Bildschirme und die Gesichter der Kollegen gleichzeitig im Blick hat. Alles läuft glatt - zumindest auf den ersten Blick. Doch innerlich tobt ein Sturm. Ihre Kollegin Claudia hat eine Frage zu einem Detail in der Präsentation, und für einen Moment bleibt Lisa der Atem weg. Sie hat darauf keine Antwort. Wie konnte das passieren? Sie entschuldigt sich höflich und notiert sich Claudias Frage für später, aber die Zweifel nagen weiter.

Der Rest des Tages ist ein Wettlauf gegen die Uhr. Lisa hetzt von einem Meeting zum nächsten, trinkt einen kalten Kaffee nach dem anderen und lächelt tapfer, während sie sich innerlich immer kleiner fühlt. Sie weiß, dass sie mehr leisten muss, besser vorbereitet sein sollte, perfekter in jeder Situation. Und so funktioniert sie weiter, wie auf Autopilot.

Abends, nachdem die Kinder im Bett sind und Tom eingeschlafen ist, liegt Lisa wach. Sie starrt die Decke an und spürt, wie sich der Knoten in ihrem Bauch weiter zusammenzieht. Es fühlt sich an, als würde ihr Herz gegen ihren Willen schneller schlagen, als würde ihr Körper schreien: „Genug! " Aber sie ignoriert es. Ihre Gedanken kreisen weiter um das Meeting von morgen, die Einkaufsliste und das Geburtstagsbuffet für Tim am Wochenende. Schlaf ist für Lisa nur eine weitere To-Do, die sie nicht so recht in den Griff bekommt.

Eines Morgens, mitten in diesem durchgetakteten Alltag, passiert es. Lisa sitzt am Frühstückstisch und will sich gerade einen Kaffee eingießen, als die Kanne ihr aus der Hand rutscht. Der heiße Kaffee schwappt über den Tisch und tropft auf den Boden. „Verdammt ", flucht sie und springt auf, um ein Handtuch zu holen. Doch als sie zurückkommt, merkt sie, dass ihre Hände zittern.

Ihr Sohn sieht sie mit großen Augen an. „Mama, warum bist du immer so müde? " Es ist eine harmlose Frage, doch sie trifft Lisa wie ein Schlag. Sie steht da, das Handtuch in der Hand, und fühlt, wie ihre Augen brennen. „Ich bin nicht müde ", antwortet sie reflexartig, doch sie weiß, dass das nicht stimmt.

An diesem Abend, nach einem weiteren Tag voller Meetings und To-Do-Listen, sieht sich Lisa im Spiegel an und erkennt die Wahrheit. Sie ist müde - nicht nur körperlich, sondern bis in die Knochen. Etwas in ihr zerbricht, und zum ersten Mal in Jahren gibt sie sich die Erlaubnis, sich nicht perfekt zu fühlen...

*** Fortsetzung folgt

- ❖ **Was bei Lisa schiefläuft: Warum Perfektionismus dich heimlich um den Verstand bringt**

Lisa lebt in einem ständigen Kreislauf des „Noch-besser-Machens". Egal, ob es der perfekte Bericht für den Chef ist oder das Geburtstagsbuffet für ihr Sohn – alles muss 100% sein. In ihrem Kopf gibt es nur zwei Zustände: „Perfekt" oder „Total versagt". Ihr innerer Kritiker ist wie ein fieser Trainer, der sie unermüdlich anbrüllt: „Das kannst du besser!" Und Lisa gehorcht – oft auf Kosten ihrer Gesundheit.

Im Job bleibt sie oft länger als nötig, um sicherzustellen, dass jede E-Mail dreifach geprüft ist. Zuhause hat sie einen minutiösen Wochenplan, der sicherstellt, dass jeder Moment produktiv ist. Das Problem? Ihr „besser, schneller, perfekter" treibt sie immer weiter ins emotionale Hamsterrad.

- ❖ **Der Effekt: Schlaflosigkeit, Herzrasen und die Frage, ob du jemals genug sein wirst**

Lisa mag von außen wie eine Überfliegerin wirken, aber innerlich fühlt sie sich wie ein Kartenhaus, das bei jedem kleinsten Windstoß einstürzen könnte. Schlaf? Wozu? Während andere schlafen, plant Lisa mental die nächsten drei Tage. Es könnte ja etwas schiefgehen. Ihr Körper hat schon lange das Signal „Hilfe" gesendet, aber Lisa interpretiert das als „Da musst du jetzt durch". Herzrasen, Migräne, das Gefühl, ständig kurzatmig zu sein – Lisa ignoriert diese Zeichen als lästige Störfaktoren.

Doch irgendwann bricht es über sie herein. Vielleicht ist es der Moment, in dem sie völlig erledigt auf dem Sofa sitzt, einen Film schauen will und plötzlich merkt, dass sie sich nicht entspannen kann. Oder der Moment, in dem ihr kleiner Sohn sie fragt: „Mama, warum bist du immer so müde? " Ein Stich ins Herz. Ein Weckruf.

*** Fortsetzung

...Lisa sitzt in ihrem Auto und starrt auf das Lenkrad. Sie hat gerade den Motor abgestellt, aber macht keine Anstalten auszusteigen. Ihre Hände ruhen still auf dem Lenkrad, als würde sie auf den nächsten Befehl warten. Sie hat es geschafft: Das Meeting lief gut, und die Präsentation wurde vom Chef gelobt. Doch anstatt erleichtert zu sein, spürt sie ein Gefühl der Leere, als hätte jemand die Luft aus ihr herausgelassen.

„Warum fühlt sich das nicht gut an? ", denkt sie und schüttelt kaum merklich den Kopf. Irgendwo in ihrem Hinterkopf lauert der Gedanke, dass sie bestimmt etwas übersehen hat. Vielleicht ein Tippfehler in den Folien oder eine falsche Zahl. „Ich hätte mehr tun können, es hätte besser sein müssen, " murmelt sie leise, als ihre Hand bereits zum Handy greift, um sich selbst schnell eine Notiz zu machen. Doch dann hört sie plötzlich die Stimme ihres Sohnes: „Mama, warum bist du immer so müde? "
Die Frage trifft sie wie ein Blitz, und sie lässt das Handy sinken. Sie spürt eine Welle aus Erschöpfung und Traurigkeit, die ihr die Kehle zuschnürt. *Ich bin nicht müde,* " denkt sie reflexartig. Aber die Wahrheit lässt sich nicht länger wegsperren. Sie ist müde. So unendlich müde.

Es ist ein unscheinbarer Nachmittag, an dem sich für Lisa alles ändert. Sie sitzt im Wartezimmer ihres Hausarztes. Eigentlich nur eine Routineuntersuchung, aber der Arzt sieht sie an und fragt leise: „Wie geht es Ihnen wirklich, Lisa?" Sie will eine Standardantwort geben, doch plötzlich fängt sie an zu weinen. Heftig, lautlos, und sie kann es nicht kontrollieren.

Der Arzt schiebt ihr eine Box mit Taschentüchern hinüber und wartet geduldig. „Ich weiß nicht, was los ist", flüstert sie schließlich, „ich habe immer das Gefühl, dass ich nicht genug bin. Egal, wie sehr ich mich anstrenge, es reicht einfach nicht."

Er hört ihr eine Weile zu, sagt nichts, und das ist vielleicht das Beste, was jemand in diesem Moment tun kann. Dann nimmt er ein Blatt Papier und beginnt zu schreiben. „Hören Sie, Lisa", sagt er ruhig, „ich werde Ihnen hier keine Medikamente verschreiben. Aber ich gebe Ihnen einen Rat: Perfektionismus ist wie ein kleines Monster, das man selbst füttert. Es wird nur größer, wenn Sie ihm weiter nachgeben. Es ist Zeit, die Ernährung umzustellen."

In den folgenden Tagen schleicht sich eine neue Idee in Lisas Kopf ein – eine, die anfangs so fremd klingt, dass sie beinahe lächerlich erscheint. Sie hat den Satz, den ihr Arzt gesagt hat, immer noch im Kopf: **„Gut genug ist gut genug."** Als hätte jemand eine kaputte Schallplatte in ihrem Gehirn abgespielt. Aber irgendwann wird dieser Satz zu einem Mantra, das sie nicht mehr ignorieren kann.

Das erste Experiment startet am nächsten Morgen. Sie bereitet wie gewohnt das Frühstück für die Kinder vor – normalerweise eine kleine Kunstperformance aus liebevoll arrangierten Obsttieren und perfekt geröstetem Toast. Heute streicht sie Marmelade auf ein paar Scheiben, schneidet ein paar Apfelstücke und stellt alles auf den Tisch. Es sieht normal aus, unspektakulär, fast langweilig. Und doch passiert nichts Schreckliches. Kein Donner grollt, keine Ermahnung aus dem Himmel. Ihre Kinder essen glücklich, ohne auch nur die kleinste Bemerkung über die fehlenden Obstschmetterlinge.

„Vielleicht ist gut genug ja wirklich gut genug, " denkt sie und atmet ein kleines bisschen leichter.

Eine Woche später. Ein neues Projekt steht an, und ihr Chef hat sie gebeten, die Präsentation zu leiten. Normalerweise würde Lisa sich über Stunden in die Details verbeißen, bis jede Folie absolut makellos ist. Doch diesmal nimmt sie sich vor, einen Plan zu erstellen und ihn nicht zu perfektionieren. Ein simpler, aber monumentaler Schritt.

Es fühlt sich an, als ob sie eine Kante entlang balanciert, unsicher, ob sie ins Chaos fallen wird oder ob sie den nächsten Schritt schafft. Doch sie hält sich an ihrem neuen Mantra fest und gibt sich ein Zeitlimit. Als die Deadline näher rückt, hört sie einfach auf. Es ist ungewohnt, fast rebellisch, und sie kann kaum glauben, dass sie tatsächlich zufrieden ist. Nicht perfekt, aber zufrieden.

Ihr Chef nickt bei der Präsentation anerkennend, und keiner im Raum bemerkt, dass Lisa innerlich einen kleinen Sieg feiert. **Einen Sieg über ihre eigenen Erwartungen.**

Natürlich fällt Lisa nicht von heute auf morgen in einen Zen-Zustand. Manchmal erwischt sie sich dabei, wie sie abends um elf noch Mails liest oder überlegt, ob sie doch noch diese eine Tabelle überarbeiten soll. Doch jetzt hat sie ein Werkzeug, um den inneren Kritiker zu zähmen. **„Gut genug ist gut genug"**, sagt sie dann laut, als müsste sie sich selbst daran erinnern.

Mit der Zeit stellt Lisa fest, dass sie mehr Zeit für ihre Kinder hat, dass sie die leeren Momente nicht mehr mit ständiger Selbstkritik füllt. Sie hat immer noch hohe Ansprüche, aber sie lässt zu, dass es auch mal menschelt. Dass nicht jede Deadline ein Kampf um Anerkennung ist und nicht jeder Fehler ein persönliches Scheitern bedeutet. Es gibt immer noch Tage, an denen ihr Perfektionismus zurückkommt und mit der Faust an ihre innere Tür klopft.

Aber Lisa hat gelernt, ihn nicht mehr als Monster zu sehen, sondern als einen alten Bekannten, der sie daran erinnert, dass sie auch ohne all das Getue genug ist.

„Gut genug ist gut genug, " denkt sie, als sie eines Abends erschöpft, aber glücklich auf der Couch sitzt, mit einem Glas Wein in der Hand. Der Knoten im Magen ist nicht verschwunden, aber er ist kleiner geworden. Und das ist für Lisa bereits eine perfekte Leistung.

❖ Die Lösung: Perfekt unperfekt – Die Kunst des „Gut genug"

Lisas Weg aus der Perfektionismus-Falle beginnt nicht mit einer revolutionären Idee, sondern mit einem Satz, der zunächst klingt wie ein Tabu: **„Gut genug ist gut genug."** Sie lernt, dass Perfektionismus keine Tugend, sondern eine Form von Selbstsabotage ist. Der Trick liegt nicht darin, weniger ehrgeizig zu sein, sondern die **eigenen Erwartungen herunterzuschrauben und das ständige Streben nach Anerkennung loszulassen.**

Die ersten Schritte sind die schwersten. Lisa setzt sich klare Grenzen: keine beruflichen E-Mails nach Feierabend. Sie akzeptiert, dass eine Kindergeburtstagstorte nicht wie aus der Backshow aussehen muss. Sie arbeitet daran, ihren inneren Kritiker leiser zu drehen und stattdessen stolz auf das zu sein, was sie erreicht hat - auch wenn es nicht perfekt ist.

Es gibt Momente, in denen sie fast rückfällig wird, wie ein Süchtiger, der nach Perfektion giert. Doch sie erinnert sich an etwas Wichtiges: Ihre Kinder, ihre Freunde und ihr Mann lieben sie nicht, weil sie perfekt ist - sondern weil sie Lisa ist. Und das allein reicht.

❖ Was wir von Lisa lernen:

Du musst kein Held sein, um „**gut genug** " zu sein. Wenn du ständig versuchst, die Latte höher zu legen, wird es irgendwann keine Latte mehr geben, sondern nur einen Abgrund. Nimm die Herausforderung an, nicht perfekt zu sein. Es wird sich anfühlen, als würdest du mit angezogener Handbremse fahren - am Anfang. Aber je öfter du dir erlaubst, auch mal „unperfekt " zu sein, desto mehr wirst du feststellen, dass das Leben mehr ist als eine strikte To-Do-Liste. Lisa lernt das auch - Schritt für Schritt.
Es ist eine Kunst, die Kontrolle loszulassen und zu erkennen, dass „gut genug " manchmal die höchste Form der Leistung ist.

Max, der Workaholic-Vater

Max schließt leise die Haustür hinter sich und schleicht sich auf Zehenspitzen ins Wohnzimmer. Es ist fast Mitternacht, und die Wohnung liegt still im Dunkeln. Nur die LED-Anzeige der Kaffeemaschine blinkt ihm träge entgegen. "Zu Hause", denkt Max, als wäre das Wort eine ferne Erinnerung. Sein Anzug ist zerknittert, die Krawatte sitzt schief, und in seinem Kopf wüten noch immer die letzten Stunden: Telefonkonferenzen, dringende E-Mails, Meeting-Protokolle, die er noch schreiben muss.

Er lässt sich auf das Sofa fallen und starrt einen Moment in die Dunkelheit. Die Stille, die ihn umgibt, fühlt sich an wie ein unerreichbarer Luxus. „Ich mach das für meine Familie", murmelt er wie ein Gebet, das er sich selbst immer wieder aufsagt, um die Schuldgefühle zu übertönen. Schuld, weil er seine Kinder heute nicht gesehen hat, und Schuld, weil er weiß, dass er zu Hause gefehlt hat – wieder einmal.

Max ist ein erfolgreicher Vertriebsleiter bei einem großen Unternehmen. Seine Kollegen bewundern ihn für seine Effizienz, seine Vorgesetzten schätzen seine Zuverlässigkeit. Im Büro ist er der Mann, der immer eine Lösung findet. Ein „Anpacker", wie sein Chef es nennt. Das klingt gut, nach Tatkraft und Kontrolle – doch Max weiß, dass diese Fassade bröckelt. Seine To-Do-Liste ist eine endlose Aneinanderreihung von Aufgaben, und seine Gedanken sind wie ein Marathonläufer, der seit Jahren nicht mehr aufgehört hat zu rennen.

Jeden Morgen wacht Max vor allen anderen auf. Die Kinder schlafen noch, und auch Anna, seine Frau, dreht sich schlaftrunken auf die andere Seite. Max schleicht in die Küche, brüht sich einen doppelten Espresso auf, und greift automatisch nach seinem Laptop. Noch bevor die Kaffeemaschine den letzten Tropfen in die Tasse gelassen hat, ist er in seine E-Mails vertieft. An manchen Tagen fühlt sich die Arbeitslast wie eine Betonplatte an, die auf seiner Brust liegt. Aber er verdrängt dieses Gefühl und macht weiter.

„Wenn ich erst dieses Projekt abgeschlossen habe,

dann...", beginnt er in Gedanken Sätze, die er nie beendet. Denn es gibt immer ein nächstes Projekt. Ein nächstes Ziel. Ein neues Feuer, das gelöscht werden muss.

Es ist Samstagmorgen, und Anna schlägt ihm vor, mit den Kindern einen Ausflug zum See zu machen. Max nickt abwesend, und seine Finger sind längst wieder auf dem Smartphone. Er tippt Nachrichten an den Vertrieb in Spanien, plant parallel das Mittagessen im Kopf und nickt mechanisch, während Anna weiterredet. "Max? Hörst du mir überhaupt zu?" Ihre Stimme ist ruhig, aber die Enttäuschung darin schneidet durch ihn hindurch wie ein Messer. Er hebt den Kopf und sieht ihr in die Augen. Zum ersten Mal an diesem Tag.

Max weiß, dass er da sein sollte, wirklich da - für Anna und die Kinder. Aber der Gedanke an die ungelesenen E-Mails und die noch offenen Aufgaben nagen an ihm wie kleine, scharfe Zähne. „Ich mach das für uns alle," will er sagen, doch er bleibt stumm. Die Worte fühlen sich falsch an, wie eine schlecht gemachte Ausrede.

Max' Körper hat schon lange angefangen, gegen ihn zu rebellieren. Schlafprobleme, Rückenschmerzen, ständig angespannt - das volle Programm. Doch er ignoriert diese Signale, als wären sie kleine Warnlämpchen auf dem Armaturenbrett eines Autos, das er mit geschlossenen Augen fährt. „Später," denkt er immer wieder. „Ich kümmere mich später darum."

Doch „später" lässt sich nicht ewig hinauszögern. Eines Abends, während er an einem langen Esstisch im Büro sitzt und eine Präsentation für den nächsten Tag vorbereitet, ruft Anna an. Es ist selten, dass sie ihn anruft, wenn sie weiß, dass er noch arbeitet. Mit einem unguten Gefühl nimmt er ab.

„Tim hat heute in der Schule geweint, weil du nicht zu seiner Aufführung gekommen bist ", sagt sie ohne Vorwurf, aber ihre Stimme bricht bei den letzten Worten. „Er hat gefragt, ob du ihn überhaupt noch sehen willst. "

Max hält das Handy ans Ohr, doch er hört nichts mehr. Nur die Worte, die in seinem Kopf widerhallen. „Er hat gefragt, ob du ihn überhaupt noch sehen willst. " Die Worte fallen wie schwere Steine und schlagen tiefe Löcher in die Fassade, die er sich so mühsam aufgebaut hat. "Ich muss das für meine Familie tun." Dieser Satz, der ihm bisher als Rettungsleine diente, fühlt sich plötzlich hohl an.

In den nächsten Tagen schleppt sich Max durch seinen Alltag, doch etwas hat sich verändert. Der Knoten aus Terminen, E-Mails und Projekten, der sich um seine Brust gelegt hat, zieht sich immer weiter zu. Eines Nachmittags sitzt er im Büro, allein, und versucht, die Präsentation zu beenden, doch seine Finger bleiben auf der Tastatur liegen. Die Gedanken in seinem Kopf überschlagen sich, und sein Herz rast plötzlich so heftig, dass ihm schwindelig wird.

Max steht auf und geht ins Badezimmer, schließt die Tür und lehnt sich gegen das Waschbecken. Seine Hände zittern, und er atmet schwer, als hätte er einen langen Sprint hinter sich. „Was ist los mit mir? ", flüstert er, doch er kennt die Antwort längst. Er hat sie immer gekannt...

*** Fortsetzung folgt

❖ Die Auswirkungen: Familie oder Job? Warum sich der Druck zwischen beidem zerreißt

Max lebt in zwei Welten, die oft miteinander kollidieren: Sein Job, der ihm Erfolg und Anerkennung bringt, und seine Familie, die ihn braucht und die er liebt. Beide Bereiche stellen hohe Erwartungen an ihn, und Max hat das Gefühl, dass er in jeder dieser Welten zu 100 Prozent präsent sein muss. Es ist der klassische Konflikt, den viele erleben - die Balance zwischen beruflichen Anforderungen und den Bedürfnissen des Privatlebens.

❖ Warum ist der Druck so groß?

In unserer modernen Gesellschaft wird oft suggeriert, dass Erfolg im Beruf gleichbedeutend mit Wert als Mensch ist. Max glaubt, dass er der beste Mitarbeiter und gleichzeitig der beste Vater sein muss. Sein Selbstwertgefühl ist eng verknüpft mit seiner Leistung. Wenn er im Job brilliert, fühlt er sich bestätigt, doch jede Stunde, die er länger arbeitet, ist eine Stunde, die er nicht mit seiner Familie verbringt. Diese innere Zerrissenheit führt zu einem ständigen Schuldgefühl: Ist er im Büro, denkt er an die Familie, und ist er zu Hause, spürt er den Druck der Arbeit.

Dieser ständige mentale Spagat belastet nicht nur ihn, sondern auch seine Familie. Kinder und Partner spüren, wenn jemand nur körperlich anwesend, aber gedanklich weit weg ist. Und Max selbst steckt in einem Teufelskreis aus Überforderung und innerer Leere. Am Ende wird der Druck zur stillen Last, die seine Gesundheit und seine Beziehungen schleichend, aber nachhaltig beeinträchtigt.

*** Fortsetzung

...Am nächsten Morgen bleibt Max im Bett liegen. Er hört das Rascheln der Zeitungen, das Lachen der Kinder aus dem Wohnzimmer, und für einen Moment fühlt es sich an, als wäre er ein Fremder in seinem eigenen Zuhause. Doch dann schiebt er die Decke zur Seite, zieht sich einen Pullover über und geht in die Küche. Seine Kinder sitzen am Tisch und malen, und als sie ihn sehen, leuchten ihre Augen auf. „Papa!", rufen sie begeistert. Max lächelt, das erste echte Lächeln seit langer Zeit.

Das ist der Beginn von Max' langsamer, mühsamer Veränderung. Er spricht mit Anna, die ihn geduldig anhört. Sie vereinbaren Regeln: abends keine beruflichen E-Mails mehr. Am Wochenende keine Anrufe. Max lernt, sich klare Grenzen zu setzen, doch die alten Gewohnheiten lassen sich nicht so leicht abschütteln. Er fühlt sich oft, als würde er gegen die Schwerkraft kämpfen - und manchmal verliert er.

Aber Stück für Stück beginnt er, sich selbst wieder wahrzunehmen. Max stellt fest, dass er es nie schaffen wird, allen Erwartungen gerecht zu werden - und dass das auch in Ordnung ist. Die Zeit, die er mit seiner Familie verbringt, wird zu seinem neuen Anker. Er übt sich in kleinen Schritten, nicht in Perfektion. Und eines Abends, als er mit den Kindern ein Puzzle zusammensetzt, merkt er, dass er keine einzige E-Mail verpasst hat - und dass es die Welt nicht aus den Angeln gehoben hat.

❖ Die Lösung: Rette dich mit dem Zauberwort „Nein" und setze Grenzen ohne schlechtes Gewissen

Max musste erkennen, dass er nicht nur für seinen Job und seine Familie verantwortlich ist, sondern auch für sich selbst. Ein entscheidender Schritt war es, das kleine, aber mächtige Wort **„Nein"** neu zu entdecken. In einer Welt, die immer mehr von uns erwartet, gilt „Nein" oft als Synonym für Schwäche oder Versagen. Doch das Gegenteil ist der Fall: **„Nein" zu sagen ist eine Form von Selbstschutz und Selbstfürsorge.**

❖ Warum „Nein" so wichtig ist:

Wenn du ständig „Ja" sagst, signalisierst du deinem Umfeld - und dir selbst - dass deine Bedürfnisse und Grenzen zweitrangig sind. Du lädst dir immer mehr auf, bis du an einem Punkt angelangst, an dem du dich überforderst und dich selbst verlierst. Max hat gelernt, dass er niemandem hilft, wenn er seine Batterien komplett leerlaufen lässt. Er begann damit, klare Grenzen zu setzen und sich bewusst Zeit für sich und seine Familie zu nehmen.

❖ Grenzen setzen ohne schlechtes Gewissen:

Der Schlüssel ist, Grenzen zu setzen und sich diese selbstbewusst zuzugestehen. Das kann so einfach sein wie die Entscheidung, nach Feierabend das Handy wegzulegen oder am Wochenende keine beruflichen E-Mails zu checken.

Max hat gemerkt, dass er nur dann wirklich präsent sein kann, wenn er klare Regeln für sich selbst aufstellt - und sich auch daranhält. Das ist am Anfang schwer, und das Schuldgefühl schleicht sich immer wieder ein. Doch mit der Zeit lernte er, dass seine Kollegen ihn nicht weniger respektierten, wenn er am Wochenende nicht erreichbar war, und dass seine Familie ihn viel mehr schätzte, wenn er wirklich bei ihnen war - nicht nur körperlich, sondern auch gedanklich.

❖ Was wir von Max lernen: Arbeit ist nicht alles - und das Leben läuft nicht davon

Max' Geschichte zeigt, wie leicht es ist, sich im Job zu verlieren und zu vergessen, warum man all das überhaupt tut. Es geht nicht darum, die Latte immer höher zu legen, sondern darum, den Absprung nicht zu verpassen. Manchmal musst du innehalten, um zu erkennen, dass du bereits genug getan hast. Max lernt, dass er kein besserer Vater oder Ehemann ist, weil er mehr arbeitet - sondern weil er mehr da ist.

Nina, die „People Pleasers"

Nina sitzt im Café, die Hände fest um ihre Tasse geklammert, als würde sie sich daran festhalten, um nicht einfach loszulassen und zu zerbrechen. Vor ihr liegt eine Liste mit Dingen, die sie heute noch erledigen muss. Aber das eigentliche Problem ist nicht die To-Do-Liste – es ist die unsichtbare Liste in ihrem Kopf. Die Liste der Erwartungen, die andere an sie haben.

Ihr Chef möchte, dass sie Überstunden macht. Ihre beste Freundin hat sie gefragt, ob sie beim Umzug hilft. Ihr Bruder braucht Unterstützung bei einem Projekt, und ihre Mutter wartet darauf, dass Nina sie endlich besucht. Jeder zieht an ihr, und Nina sagt nie „Nein ". Nie. Sie nickt, lächelt, nimmt die nächste Aufgabe an, während sie innerlich Stück für Stück ertrinkt.

Nina ist eine dieser Menschen, die immer verfügbar ist. Egal, ob es um den Job oder private Angelegenheiten geht, sie ist die Person, die alles regelt, immer freundlich, immer hilfsbereit. „Ich mache das schon ", sagt sie mit einem Lächeln, das sie sich selbst nicht mehr abnimmt.

Im Büro merkt sie schnell, dass ihr Chef ihre Hilfsbereitschaft zu schätzen weiß - und sie ausnutzt. Wenn ein Kollege in Schwierigkeiten ist, springt sie ein. Muss jemand Überstunden machen? Nina ist die Erste, die aufsteht und das Problem löst. Die Anerkennung ist ihre Belohnung genug. „Was wäre das Team ohne dich? " hört sie oft, und das füllt sie mit einem kurzen Moment des Stolzes. Aber der Stolz verschwindet schnell, wenn sie nachts wach liegt, weil sie nicht weiß, wie sie all das unter einen Hut bekommen soll.

Ihr Freund Felix bemerkt die Veränderung. „Nina, du kannst nicht immer alles für alle machen, " sagt er, als sie sich eines Abends wieder einmal aus einer Verabredung zurückzieht, weil der Chef sie dringend braucht. „Du opferst dich ständig auf. Für alle. Nur nicht für dich. "

Nina nickt. Sie weiß, dass er recht hat. Aber sie kann nicht anders. Ihr Kopf sagt: „Du musst das tun. Wenn du nicht hilfst, wer dann? " Und tief in ihrem Inneren liegt die Angst, dass die Leute sie nicht mehr mögen könnten, wenn sie anfängt, „Nein" zu sagen. Was wäre sie wert, wenn sie niemandem mehr nützlich wäre?

Eines Samstags, als sie auf dem Weg zu einer weiteren Verpflichtung ist - dieses Mal, um ihrer Freundin beim Umzug zu helfen - bekommt Nina plötzlich keine Luft mehr. Es fühlt sich an, als würde eine unsichtbare Hand ihre Brust zusammendrücken. Panik steigt in ihr auf, und sie bleibt mitten auf der Straße stehen. Ihr Herz rast, die Hände zittern, und Tränen laufen über ihr Gesicht. Sie kann nicht mehr.

Sie ruft Felix an. „Ich schaff das nicht", flüstert sie ins Telefon, „ich schaff das einfach nicht mehr." Felix eilt zu ihr, nimmt sie wortlos in den Arm und lässt sie weinen, bis sie sich beruhigt hat. **„Du musst niemandem etwas beweisen"**, sagt er sanft, als sie wieder ruhig ist. „Du darfst auch mal Nein sagen. Die Welt wird nicht untergehen..."

*** Fortsetzung folgt

❖ Was bei Nina schiefläuft: Warum es Menschen wie Nina schwerfällt, „Nein" zu sagen

Nina ist das Paradebeispiel für jemanden, der die Anerkennung und das Wohlwollen anderer über das eigene Wohl stellt. Menschen wie Nina haben oft das Gefühl, dass ihr Wert davon abhängt, wie sehr sie anderen gefallen und wie hilfreich sie sind. „Wenn ich nicht immer für andere da bin, verliere ich ihre Zuneigung," denken sie.

Dieses ständige „Ja"-Sagen kommt meist aus einer tiefen Angst vor Ablehnung oder dem Wunsch nach Zugehörigkeit. Sie haben gelernt, dass sie nur dann geliebt werden, wenn sie etwas leisten, und oft ist es diese Angst, die sie antreibt. Doch dieser Drang, immer zu helfen, führt letztlich dazu, dass sie ihre eigenen Bedürfnisse völlig vernachlässigen. Sie arbeiten sich auf, bis sie nichts mehr zu geben haben – und dann bricht alles zusammen.

❖ Die Auswirkungen: Was passiert, wenn du immer „Ja" sagst?

Indem Nina sich ständig für andere aufopfert, verliert sie Stück für Stück ihre eigene Identität. Ihre Bedürfnisse stehen nie an erster Stelle, und das hat langfristig schwerwiegende Folgen:

– *Emotionale Erschöpfung*: Ständige Verfügbarkeit führt zu einer Erschöpfung, die nicht nur körperlich, sondern vor allem emotional ist. Nina spürt es als ständige Müdigkeit und das Gefühl, innerlich leer zu sein.

– *Schlechtere Beziehungen*: Ironischerweise führen die Versuche, allen zu gefallen, oft dazu, dass Beziehungen oberflächlich bleiben. Menschen spüren, wenn jemand nicht authentisch ist oder nur „Ja" sagt, um zu gefallen.

– *Gesundheitliche Probleme*: Wie bei Nina manifestieren sich emotionale Überlastung und die Unfähigkeit, „Nein" zu sagen, oft in körperlichen Symptomen wie Angstzuständen, Schlaflosigkeit und sogar Panikattacken.

✳✳✳ Fortsetzung

...In den nächsten Tagen bleibt Ninas Leben hektisch. Die Anfragen von Kollegen und Freunden reißen nicht ab. Doch etwas hat sich verändert. Sie beginnt, kleine Veränderungen vorzunehmen, fast unmerklich. Wenn ihr Chef sie fragt, ob sie noch länger bleiben kann, antwortet sie: „Ich habe heute leider schon etwas vor." Wenn eine Freundin sie um Hilfe bittet, überlegt sie kurz und sagt dann höflich, aber bestimmt: „Ich würde gern helfen, aber ich habe diese Woche schon zu viele Verpflichtungen."

Es fühlt sich am Anfang seltsam an - fast als würde sie gegen ihre eigene Natur ankämpfen. Doch mit jedem „Nein" atmet sie ein wenig leichter. Sie merkt, dass die Welt tatsächlich nicht zusammenbricht, wenn sie nicht immer die Erste ist, die alles regelt. Und noch wichtiger: Sie merkt, dass die **Menschen sie trotzdem mögen - auch ohne, dass sie sich für sie aufopfert.**

❖ Die Lösung: Lerne, „Nein" zu sagen, ohne dich schuldig zu fühlen

Der Schlüssel für Nina - und für viele Menschen wie sie - liegt darin, zu lernen, ihre eigenen Bedürfnisse zu priorisieren, ohne das Gefühl zu haben, egoistisch zu sein. „Nein" zu sagen ist kein Zeichen von Schwäche oder Unfreundlichkeit. Es ist ein Akt der Selbstfürsorge.

1. *Setze klare Grenzen*: Nina begann damit, sich bewusst Zeiträume zu schaffen, die nur ihr gehören. Das bedeutete, Einladungen oder Bitten abzulehnen, die nicht zwingend notwendig waren. Indem sie klare Grenzen setzte,

konnte sie Zeit und Energie für sich selbst reservieren.

2. *Reflektiere deine Motive*: Warum sagst du „Ja"? Ninas Angst vor Ablehnung war der Grund, warum sie nie „Nein" sagte. Sobald sie das erkannt hatte, konnte sie anfangen, bewusster zu entscheiden, wann sie wirklich helfen wollte und wann es nur der Angst geschuldet war.

3. *Kommuniziere deine Grenzen klar*: Es geht nicht darum, egoistisch oder abweisend zu sein. Nina lernte, freundlich, aber bestimmt ihre Grenzen zu setzen. Ein einfaches „Ich habe heute leider schon andere Pläne" reicht oft aus, um höflich abzulehnen, ohne sich erklären oder rechtfertigen zu müssen.

4. *Lass das Schuldgefühl los*: Am Anfang fühlte sich Nina schuldig, wenn sie „Nein" sagte. Doch mit der Zeit verstand sie, dass sie nur dann wirklich für andere da sein konnte, wenn sie zuerst auf sich selbst achtete. **Selbstfürsorge ist keine Schuld, sondern eine Notwendigkeit.**

❖ **Was wir von Nina lernen: Ein „Nein" ist ein „Ja" zu dir selbst**

Nina hat erkannt, dass sie nicht die Bedürfnisse aller Menschen befriedigen kann - und dass es auch nicht ihre Aufgabe ist. Sie hat gelernt, dass „Nein" zu sagen, Raum für ihre eigene Erholung, ihre eigenen Wünsche und ihr eigenes Leben schafft. Die Ironie dabei? Seit sie ihre Grenzen setzt, schätzen die Menschen sie noch mehr, weil sie authentischer und aufrichtiger ist.

Wenn du dich selbst immer an letzter Stelle setzt, wirst du irgendwann keine Kraft mehr haben, für andere da zu sein. Ninas Geschichte zeigt uns, dass es in Ordnung ist, mal nicht perfekt zu sein, nicht immer für jeden verfügbar zu sein - und dass man trotzdem gemocht und geliebt wird.

David, der Smartphone-Sklave

Es ist ein ganz normaler Arbeitstag, und David sitzt an seinem Schreibtisch. Sein Handy liegt neben ihm, direkt neben der Tastatur. Jedes Mal, wenn es vibriert, greift er danach, wie ein Scharfschütze, der auf einen Feind wartet. Zwanzig E-Mails in der letzten Stunde, fünfzehn neue Nachrichten auf WhatsApp, unzählige Push-Benachrichtigungen von Apps, die er schon längst löschen wollte. Es ist, als würde sein Leben aus kurzen, hektischen Momenten bestehen, die von einem endlosen Strom digitaler Signale unterbrochen werden.

Seine Kollegen beobachten ihn manchmal mit einem schiefen Lächeln. „Immer online, was?", sagt jemand, doch David lacht nur gequält und tippt weiter. „Muss ja," murmelt er, halb im Scherz, halb als traurige Wahrheit.

Abends, wenn er nach Hause kommt, geht das Spiel weiter. Er scrollt durch Social Media, checkt die neuesten Nachrichten, und selbst während er mit seiner Freundin Linda auf der Couch sitzt, hat er das Handy in der Hand. „Kannst du das Ding nicht mal weglegen?", fragt sie genervt, und David wirft ihr einen kurzen, schuldbewussten Blick zu. „Ich muss nur schnell…", fängt er an, doch Linda steht auf und verlässt den Raum, bevor er den Satz beenden kann.

Ein paar Tage später erwischt er sich selbst dabei, wie er sein Handy in der Hand hält, obwohl er keine Ahnung hat, warum. Er starrt auf den Bildschirm, seine Augen überfliegen die Nachrichten, doch die Worte sind nur noch Schatten. Es ist, als ob sein Verstand leer wäre und seine Finger ein Eigenleben führen.

„Ich bin wie ein verdammter Roboter", denkt David. Das ständige „immer online"-Sein hat seinen Kopf in eine Art Autopilot versetzt, der den ganzen Tag durchläuft, ohne Pause.

Er erinnert sich an den Tag, als er Linda zu einem romantischen Abendessen eingeladen hat. Sie saßen in einem schicken Restaurant, das Licht gedämpft, der Wein war perfekt. Doch mitten im Gespräch vibrierte sein Handy, und David konnte nicht widerstehen – er griff danach, ganz automatisch. Linda sah ihn an, ihre Augen müde und traurig. „David, du bist ständig woanders", sagte sie, und diesmal war es kein genervter Vorwurf, sondern eine Tatsache...

❖❖❖ Fortsetzung folgt

❖ Was bei David schiefläuft: Der Sog der digitalen Überreizung

David ist gefangen in einer digitalen Falle, die immer enger wird. Die permanente Erreichbarkeit gibt ihm das Gefühl, produktiv und effizient zu sein. Doch in Wahrheit hat er längst die Kontrolle verloren. Sein Smartphone diktiert seinen Tagesablauf, seine Reaktionen und sogar seine Beziehungen. Was als nützliches Werkzeug begann, hat sich in eine unsichtbare Kette verwandelt, die ihn gefangen hält.

Das Problem liegt nicht nur in der ständigen Erreichbarkeit, sondern in der Art, wie unsere Gehirne auf diese dauerhafte digitale Überreizung reagieren. Jedes „Ping" löst eine kleine Ausschüttung von Dopamin aus – ein Belohnungsmechanismus, der süchtig macht. Das Gehirn wird ständig mit neuen Informationen gefüttert, was dazu führt, dass wir immer wieder auf der Suche nach dem nächsten „Kick" sind.

Doch diese Reizüberflutung hat langfristige Folgen: **Konzentrationsprobleme**, **ständige Unruhe**, **Schlafstörungen** und das Gefühl, nie wirklich zur Ruhe zu kommen. David spürt das als ständige Rastlosigkeit, die ihn sogar in seinen Träumen verfolgt. Sein Geist kommt nie zur Ruhe, weil sein Körper immer in Alarmbereitschaft ist.

*** Fortsetzung

...David saß in seinem Wohnzimmer und starrte auf die Schublade, in der sein Handy lag. Die erste Woche des Digital Detox war die Hölle gewesen. Seine Finger zuckten, als würden sie spüren, dass etwas fehlte, und sein Gehirn spielte ihm weiterhin Streiche: „Was, wenn jemand etwas Dringendes braucht? "

Doch mit jedem Tag wurde es ein kleines bisschen leichter. David merkte, dass seine Gedanken klarer wurden und er nicht mehr so gehetzt war. Er fand sich in Gesprächen wieder - echte Gespräche - und stellte fest, dass er die letzten Jahre auf Autopilot gelebt hatte.

An einem Samstagmorgen beschloss David, die ultimative Probe aufs Exempel zu machen. „Ich schalte mein Handy heute aus ", sagte er zu sich selbst. Der Gedanke fühlte sich bedrohlich an, als hätte er eine lebenswichtige Verbindung gekappt. Aber David wollte sehen, ob die Welt wirklich untergeht, wenn er einen Tag lang nicht erreichbar ist.

Er frühstückte langsam, ohne in seine E-Mails zu schauen. Er ging mit Linda spazieren und ließ sein Handy zu Hause. Anfangs war er nervös, schaute ständig auf seine leeren Hände, als sollte dort etwas sein. Doch nach einer Weile merkte er, dass sich sein Kopf entspannte. Das leise Summen im Hinterkopf, das immer da gewesen war - die ewige Liste von Benachrichtigungen und Nachrichten - verstummte.

„Wie fühlst du dich?", fragte Linda, als sie Hand in Hand am Fluss entlanggingen.

David lächelte zögerlich. „Komisch", sagte er, „als würde ich zum ersten Mal seit Jahren die Stille hören." Es fühlte sich befreiend an und gleichzeitig beängstigend – wie ein Taucher, der zum ersten Mal tief unter die Oberfläche geht und feststellt, dass die Welt da unten anders klingt.

Im Büro stellte er fest, dass seine „Nur-ein-Mal-am-Tag"-Regel für E-Mails ihn produktiver machte. Er war zunächst skeptisch gewesen, dachte, dass er dadurch weniger Kontrolle haben würde. Doch das Gegenteil war der Fall. Er merkte, dass er in der Zeit, die er sonst mit ständigen Unterbrechungen verbrachte, seine Aufgaben viel fokussierter erledigen konnte. Es war ein komisches Gefühl – fast wie ein Tagträumer, der plötzlich in der Realität aufwacht und merkt, dass alles nicht halb so kompliziert ist, wie er dachte.

Ein paar Wochen später überraschte Linda ihn eines Abends mit einem romantischen Abendessen. Die Kerzen flackerten auf dem Tisch, und ein leises Jazzstück spielte im Hintergrund. David saß dort, seine Hände lagen entspannt auf dem Tisch, und sein Handy... es war in der Schublade geblieben.

„Ich dachte, du würdest fragen, ob ich etwas auf meinem Handy nachsehen kann", sagte Linda schmunzelnd, als sie ihm den Wein einschenkte. „Aber du hast nicht einmal danach gefragt."

David lächelte und nahm ihre Hand. „Es fühlt sich gut an, nicht ständig auf der Lauer zu liegen," gab er zu.

Doch der Moment, der ihm wirklich die Augen öffnete, kam an einem Sonntagnachmittag. Linda und David hatten beschlossen, einen Tag am See zu verbringen. David ließ sein Handy bewusst zu Hause - kein GPS, keine Nachrichten, keine Ablenkung. Sie mieteten ein kleines Ruderboot und paddelten hinaus, bis sie mitten auf dem stillen Wasser waren. Die Sonne glitzerte auf den Wellen, und eine leichte Brise wehte ihnen um die Nase.

David lehnte sich zurück und schaute in den Himmel. Es war das erste Mal seit langer Zeit, dass er das Gefühl hatte, wirklich tief durchatmen zu können. Seine Gedanken waren ruhig, und sein Kopf fühlte sich nicht mehr so voll an. Kein Gehetze, kein Drängen - nur der sanfte Rhythmus der Ruder im Wasser.

„Ich wusste nicht, dass es so einfach sein kann, mal abzuschalten," sagte er leise. Linda lächelte und strich ihm über den Arm.

„Es war nie das Handy, David," sagte sie. „Es war immer nur dein Kopf."

Es war ein langsamer, schrittweiser Prozess, aber David merkte, dass er nach und nach das Gleichgewicht wiederfand. Er hatte gelernt, dass es in Ordnung ist, sich Pausen zu nehmen. Die Welt brach nicht zusammen, wenn er nicht sofort auf Nachrichten reagierte, und seine Produktivität sank nicht, wenn er sich klare Regeln setzte.

Rückblickend dachte David oft an die Zeit, als er völlig in den digitalen Strudel gezogen wurde. Aber jetzt hatte er gelernt, das Gleichgewicht zu finden. Wenn er am Abend nach Hause kam, legte er sein Handy in die Schublade und verbrachte bewusst Zeit mit Linda. Sie spielten Karten, kochten gemeinsam oder machten abends Spaziergänge – etwas, das er sich früher nie vorgestellt hätte.

David merkte, dass er die kleinen Momente wieder wahrnahm. Er lachte mehr, hörte Linda wirklich zu und war selbstbewusster bei der Arbeit, weil er seine Pausen bewusst gestaltete. Er setzte sich neue Regeln für sich selbst, Regeln, die ihm halfen, sich nicht mehr von digitalen Reizen leiten zu lassen.

Eines Abends, nach einem langen Arbeitstag, stand David am Fenster und schaute hinaus in die Dunkelheit. Die Stadt war beleuchtet, und in vielen Fenstern sah er flackernde Bildschirme und Menschen, die in ihre Handys vertieft waren. Für einen Moment fühlte er sich seltsam distanziert, als wäre er ein Außenstehender in einer Welt, die ständig online war.

Er holte tief Luft und ließ das Gefühl los. David wusste, dass er nicht perfekt war und dass er manchmal rückfällig werden würde. Aber er hatte gelernt, dass es nicht darauf ankam, perfekt zu sein. Es ging darum, bewusst zu leben, im Moment zu sein und sich selbst kleine Freiräume zu schaffen, in denen der Kopf zur Ruhe kommen durfte.

Er schaute auf das Handy, das auf der Kommode lag, und entschied sich, es nicht mehr in die Hand zu nehmen. Stattdessen drehte er sich um, ging zu Linda, die auf dem Sofa saß, und setzte sich neben sie. „Lust auf einen Film?", fragte er, und sie lächelte überrascht.

„Das klingt gut," sagte sie.

An diesem Abend schaute David den Film ohne

Unterbrechungen. Kein Scrollen, keine E-Mails, keine Nachrichten. Und zum ersten Mal seit langer Zeit fühlte sich sein Kopf tatsächlich... ruhig an.

❖ Die Lösung: Digital Detox - Wie du das Handy weglegst und deinen Kopf befreist

David musste lernen, dass Erreichbarkeit nicht gleich Produktivität bedeutet - und dass **Ruhe kein Luxus, sondern eine Notwendigkeit** ist. Ein „Digital Detox " klingt im ersten Moment nach einer radikalen Entgiftungskur, doch in Wirklichkeit geht es um kleine, aber konsequente Veränderungen.

1. *Digitale Fastenzeit*: David entschied sich, jeden Abend nach 20 Uhr sein Handy auszuschalten. Keine Ausnahmen. Die ersten Tage fühlten sich fast wie ein Entzug an. Seine Finger kribbelten, als er nach dem Handy greifen wollte, und sein Kopf spielte ihm Tricks vor: „Du könntest etwas Wichtiges verpassen! " Doch nichts passierte. Die Welt ging nicht unter, und die Nachrichten liefen ihm nicht davon.

2. *Handy-freie Zonen*: Er richtete sich zu Hause „handyfreie " Zonen ein - zum Beispiel das Schlafzimmer. Das bedeutete, dass er sein Handy nicht mehr als Wecker benutzen konnte, was zunächst eine Herausforderung war. Doch nach ein paar Wochen begann David, besser zu schlafen, und wachte nicht mehr mit dem Reflex auf, sofort zum Handy zu greifen.

3. *Die „Nur-ein-Mal-am-Tag "-Regel*: David schränkte bewusst die Häufigkeit ein, mit der er seine E-Mails

checkte. Anstatt jede Stunde auf neue Nachrichten zu warten, erlaubte er sich nur zwei feste Zeiten pro Tag. Anfangs hatte er das Gefühl, dadurch unproduktiv zu werden, doch das Gegenteil war der Fall: Er erledigte Aufgaben fokussierter und schneller, weil er nicht ständig unterbrochen wurde.

4. *Benachrichtigungen ausstellen*: David stellte sämtliche Benachrichtigungen auf lautlos - keine Vibrationen, keine Pings. Er erkannte, dass er nicht auf jedes kleine „Ping" reagieren musste, und schaltete nach und nach alle unwichtigen Push-Nachrichten aus.

5. *Den Tag bewusst beenden*: abends, wenn er nach Hause kam, legte David sein Handy in eine Schublade und ließ es dort. Anstatt automatisch aufs Handy zu schauen, konzentrierte er sich darauf, wirklich da zu sein - für sich selbst und für Linda.

❖ Was wir von David lernen: Erreichbarkeit ist nicht gleich Präsenz

David erkannte, dass es nicht darauf ankommt, ständig erreichbar zu sein, sondern darauf, wirklich präsent zu sein – für die Momente, die wirklich zählen. Er lernte, dass sein Handy ein Werkzeug ist, nicht sein Boss. Digitale Überlastung ist ein Phänomen, das viele betrifft, doch mit klaren Regeln und bewusstem Umgang kann man die Kontrolle zurückgewinnen.

„Digital Detox " ist kein Entzug, sondern eine bewusste Entscheidung. Eine Entscheidung, sich Raum zu schaffen und das **Leben wieder in Echtzeit** zu erleben. Er hat gelernt, dass ständige Erreichbarkeit nicht gleichbedeutend ist mit Erfolg, sondern oft nur eine Ablenkung. Die Kunst besteht darin, sich Grenzen zu setzen und zu erkennen, dass das Leben außerhalb des Bildschirms stattfindet – in den Momenten, die man mit den Menschen verbringt, die einem wichtig sind.

Teil 2: Stress Detox – Die Rettungsmission für deinen Kopf

Jonas, der Krisenmeister

Jonas sitzt im Auto und starrt auf das Lenkrad. Die Tür seines alten Golfes knarzt, als er aussteigt. Seine Schultern hängen herab, als ob sie die ganze Last des Universums tragen müssten. An diesem Tag fühlt sich Jonas wie ein Boxer, der bereits in der ersten Runde K.O. gegangen ist. Das Leben hat ihm in letzter Zeit einige harte Schläge verpasst, und er hat das Gefühl, dass er immer nur in der Defensive ist, ohne jemals zum Gegenangriff überzugehen. „Ich dachte, ich hätte das alles im Griff", murmelt er, während er das Auto abschließt und langsam in Richtung seiner Wohnung schlurft.

Vor ein paar Monaten hätte er sich nicht vorstellen können, dass sich sein Leben so anfühlen könnte. Damals hatte er noch seinen Job, eine Ehe, die zumindest nach außen hin funktionierte, und einen festen Plan für die Zukunft. Jetzt fühlt sich jeder Tag wie ein Überlebenskampf an.

Der Anfang vom Ende begann vor sechs Monaten, als Jonas' Firma ankündigte, dass sie Stellen abbauen würde. „Einige von euch werden gehen müssen", sagte der Geschäftsführer in einer dieser berühmten Reden, die ruhig und doch mit einem unterschwelligen Ton der Dringlichkeit geführt werden. Jonas war einer der Pechvögel. Mit 42 Jahren und einem Lebenslauf, der für Stabilität stand, wurde er plötzlich zum „Risikofaktor" - ein Opfer von Unternehmensrestrukturierung.

„Es ist nichts Persönliches", hatte sein Chef gesagt, und Jonas hatte gelächelt, als ob er ihm das glauben würde. Aber natürlich nahm er es persönlich. Wie könnte man das nicht? Es war sein Job, seine Stabilität, seine Sicherheit, die ihm mit ein paar höflichen Worten genommen wurden. Und es blieb nicht dabei.

In den folgenden Wochen veränderte sich alles. Seine Frau, die ihm bis dahin immer wie ein Fels in der Brandung vorgekommen war, begann, sich von ihm zu distanzieren. Die Atmosphäre zu Hause war eisig und still. Jedes Gespräch wurde zur Konfrontation, jede Kleinigkeit zu einer Hürde. Schließlich packte sie ihre Sachen und ging. „Ich kann das nicht mehr ", sagte sie einfach und ließ Jonas in der leeren Wohnung zurück, in der alles wie eine Erinnerung an ein gescheitertes Leben wirkte.

Jetzt, ein paar Monate später, sitzt Jonas auf seiner Couch und hat keine Ahnung, wie er das alles überstehen soll. Die Nächte sind am schlimmsten. Er liegt wach und starrt die Decke an, während sich seine Gedanken wie Wellen aufeinandertürmen. „Was, wenn ich nie wieder einen Job finde? Was, wenn ich allein bleibe? Was, wenn alles nur noch schlimmer wird? " Die „Was-wäre-wenn' s " quälen ihn so sehr, dass er das Gefühl hat, sie könnten ihn erdrücken.

Jonas hat immer geglaubt, dass er stark genug ist, um alles durchzustehen. Doch jetzt fühlt sich das Leben an, als würde er in einem endlosen Sturm treiben, ohne Anker, ohne Ziel...

✳✳✳ Fortsetzung folgt

❖ Was bei Jonas schiefläuft: Der ewige Fokus auf das, was schiefgeht

Jonas hat sich, wie viele von uns, immer nur auf das Negative konzentriert. Jede Krise wird zu einer endgültigen Niederlage, jede Schwierigkeit zu einem unüberwindbaren Hindernis. Er ist der perfekte Krisenmeister - aber nicht im positiven Sinn. Denn während andere lernen, durch Krisen zu wachsen, bleibt er in seinen **Selbstzweifeln** und **Ängsten** gefangen.

Der Schlüssel zu Jonas' Veränderung liegt darin, seine Perspektive zu verändern. Die Herausforderungen, die er erlebt, sind keine Urteile über seinen Wert als Mensch, sondern Gelegenheiten, um zu wachsen. Das zu erkennen, ist der erste Schritt, um sich aus dem Gefängnis seiner negativen Gedanken zu befreien.

*** Fortsetzung

...Eines Morgens, als er mit seinen Gedanken allein ist, beschließt Jonas, etwas zu ändern. „Ich kann hier nicht ewig so weitermachen ", denkt er. Also fängt er an zu lesen, sich inspirieren zu lassen, nach Wegen zu suchen, diesen Teufelskreis zu durchbrechen. Ein Buch über Resilienz fällt ihm in die Hände. „Innere Stärke entwickeln " steht auf dem Cover, und obwohl er zögert, fängt er an zu lesen.

In diesem Buch erfährt er zum ersten Mal von „Reframing " - der Fähigkeit, Krisen aus einer anderen Perspektive zu betrachten. Jonas erkennt, dass er bisher nur auf das Chaos geschaut hat, das ihn umgibt, ohne zu merken, dass es auch Lichtblicke gibt. Er liest von Menschen, die trotz Rückschlägen gestärkt aus Krisen hervorgegangen sind, und erkennt, dass die Lösung nicht im Aufgeben liegt, sondern im Annehmen und Neuausrichten.

Ein halbes Jahr später ist Jonas' Leben immer noch nicht perfekt. Er hat einen neuen Job gefunden, aber es ist nur ein Übergangsjob. Seine Ehe ist nicht wiederhergestellt, und manche Tage fühlen sich immer noch an wie ein einsamer Kampf. Doch etwas Entscheidendes hat sich verändert: Jonas hat gelernt, dass Krisen nicht das Ende bedeuten. Sie sind ein Teil des Lebens, und es liegt an ihm, wie er darauf reagiert.

„Das Leben wird nicht leichter ", denkt er an einem regnerischen Morgen, als er aus dem Fenster schaut. „Aber ich werde stärker. " Ein Gedanke, der früher wie ein leeres Klischee klang, fühlt sich jetzt real an.

❖ Die Lösung: Vom Opfer zum Helden – Reframing und der Weg zur inneren Stärke

Jonas beschließt, dass „Reframing " in seinem Alltag zu üben. Der erste Schritt besteht darin, sich bewusst zu machen, wie oft er automatisch in negative Gedankenmuster verfällt. Er fängt an, ein Tagebuch zu führen, in dem er nicht nur die Krisen und Rückschläge aufschreibt, sondern auch jeden kleinen Erfolg. Denn selbst in der dunkelsten Phase gibt es immer Momente des Lichts – und sei es nur das Lächeln eines fremden Kindes im Supermarkt oder der kurze Sonnenstrahl, der durch sein Wohnzimmerfenster fällt.

Mit der Zeit merkt Jonas, dass es ihm nicht mehr nur darum geht, Probleme zu lösen. Es geht vielmehr darum, die Fähigkeit zu entwickeln, inmitten des Chaos ruhig zu bleiben. Er beginnt, sich jeden Morgen eine Frage zu stellen: **„Was kann ich heute anders sehen? "** An schlechten Tagen ist die Antwort vielleicht nur ein winziger Schritt, aber das reicht aus.

Meditation und **Akzeptanz** sind weitere Schlüssel auf seiner Reise. Anfangs hält Jonas nichts von Meditation, doch er entscheidet sich, es trotzdem auszuprobieren. Zehn Minuten täglich. In dieser Zeit lernt er, seine Gedanken zu beobachten, anstatt von ihnen kontrolliert zu werden. Es fällt ihm schwer, nicht zu urteilen, aber nach und nach stellt er fest, dass er die Kraft besitzt, seine Ängste loszulassen und den Moment zu akzeptieren, wie er ist.

❖ Was wir von Jonas lernen: Das Leben nicht kontrollieren, sondern umarmen

Jonas' Geschichte zeigt uns, dass Krisen ein Teil des Lebens sind - und dass wir nicht immer die Kontrolle darüber haben, was passiert. Doch wir haben die Kontrolle darüber, wie wir darauf reagieren. Reframing bedeutet nicht, die Realität zu verleugnen, sondern eine neue Perspektive zu finden, die es uns ermöglicht, in der Dunkelheit ein Licht zu sehen.

Die Lektion hier ist klar: **Es geht nicht darum, das Chaos aus dem Leben zu verbannen, sondern darum, eine innere Stärke zu entwickeln, die uns hilft, dem Sturm standzuhalten.** Jonas hat gelernt, nicht als Opfer seiner Umstände zu leben, sondern die Herausforderungen des Lebens als Chancen zu sehen, um zu wachsen und sich zu erneuern.

Sarah und die Kunst der Mikro-Pausen

Sarah sitzt in der U-Bahn, den Laptop auf den Knien. Die Züge ruckeln, Leute steigen ein und aus, doch sie merkt nichts davon. Ihre Finger tanzen über die Tastatur, und ihr Blick ist fest auf den Bildschirm geheftet. Es ist kurz vor 8 Uhr morgens, und sie hat bereits drei E-Mails beantwortet, einen dringenden Bericht überarbeitet und die To-Do-Liste für den Tag erstellt. Ihre Konzentration gleicht einer Laserstrahl – und ihre Anspannung einem gespannten Draht, der jeden Moment reißen könnte.

Als sie die U-Bahn verlässt, wartet bereits der erste Anruf. Sarah geht hektisch durch die Menschenmassen, der Laptop in der einen Hand, das Handy in der anderen. Sie jongliert Termine, Anforderungen und Erwartungen, ohne dass der Tag offiziell begonnen hat. Noch bevor sie im Büro ankommt, fühlt sie sich bereits erschöpft.

Sarah ist Marketing-Managerin und jongliert den Arbeitsalltag mit der Erziehung von zwei Kindern. Ihre Tage sind durchgetaktet, von der Schule über Meetings bis hin zu Abendessen und Hausaufgaben. „Du musst das alles unter Kontrolle haben", sagt sie sich immer wieder, als wäre es ein Mantra, das sie daran hindern könnte, die Kontrolle zu verlieren. Doch die Realität sieht anders aus. Ihre Nächte sind kurz und die Tage vollgepackt – immer mehr Aufgaben, immer weniger Zeit.

Doch trotz ihres ständigen Gehetzes kann Sarah sich nicht daran erinnern, wann sie das letzte Mal wirklich durchgeatmet hat. Das Gefühl, unter Dauerstress zu stehen, hat sich so tief in sie eingebrannt, dass es sich fast wie ein normaler Zustand anfühlt. Bis zu jenem Nachmittag.

Sarah sitzt an ihrem Schreibtisch, die Augen auf den Bildschirm gerichtet, als ihr plötzlich schwindelig wird. Das Büro verschwimmt vor ihren Augen, und sie spürt, wie sich ihr Atem beschleunigt. Sie greift nach der Tischkante und zwingt sich, langsam und tief zu atmen. „Ich habe keine Zeit für so was," denkt sie panisch, doch ihr Körper gibt ihr keine Wahl. Ihre Hände zittern, und sie muss sich setzen.

Eine Kollegin kommt vorbei und sieht sie besorgt an. „Alles okay, Sarah?", fragt sie. „Du siehst aus, als hättest du gerade einen Marathon gelaufen." Sarah zwingt ein Lächeln auf ihre Lippen. „Alles gut," lügt sie und geht ins Badezimmer, um ihr Gesicht mit kaltem Wasser zu bespritzen. Doch das Gefühl, dass etwas nicht stimmt, bleibt.

Am Abend, als sie völlig erschöpft nach Hause kommt, fragt ihr Mann Max: „Warum tust du dir das an?" Er meint es nicht böse, aber die Frage trifft Sarah trotzdem wie ein Schlag. Warum eigentlich? – fragt sie sich still...

*** Fortsetzung folgt

❖ Was bei Sarah schiefläuft: Der Dauerstress ohne Pausen

Sarah hat sich, wie viele Menschen, daran gewöhnt, immer zu rennen. Sie denkt, dass sie nur so alles schaffen kann, doch das Gegenteil ist der Fall. Ihr Körper und Geist sind ständig in Alarmbereitschaft, ohne die Möglichkeit, sich zu erholen. Dauerstress führt nicht nur zu Erschöpfung, sondern schwächt auch die Fähigkeit, klar zu denken und effektiv zu arbeiten.

Studien zeigen, dass unser Gehirn regelmäßige Pausen benötigt, um Informationen zu verarbeiten und sich zu regenerieren. Ohne Pausen wird der Geist irgendwann träge, die Konzentration schwindet, und der Körper schaltet in einen ständigen Überlebensmodus. Doch Sarah hat das Pausenmachen fast verlernt. Sie glaubt, dass Ruhe ein Zeichen von Faulheit ist - und genau das ist der Grund, warum sie sich immer mehr verausgabt.

*** Fortsetzung

...Sarah saß abends in ihrem Wohnzimmer, das Licht des Fernsehers flackerte, doch sie nahm es kaum wahr. Ihr Kopf war wie ein Wirbelsturm, der nicht zur Ruhe kam. Selbst jetzt, nach einem weiteren langen Tag, raste ihr Gedankenkarussell weiter: Was habe ich heute vergessen? Was muss ich morgen alles erledigen? Ihr Mann Max, der auf dem Sofa neben ihr saß, bemerkte ihre Abwesenheit.

„Bist du überhaupt noch hier? ", fragte er sanft und sah sie besorgt an. Sarah atmete tief ein, als müsste sie durch ein Nadelöhr Luft bekommen, und sagte nur: „Ich weiß nicht, wie lange ich das noch durchhalte. " Sie fühlte, dass sie sich veränderte - gereizter, erschöpfter, rastloser. „Vielleicht solltest du dir mal eine Pause gönnen ", schlug Max vor. Doch Sarah winkte ab. „Eine Pause··· ", murmelte sie fast spöttisch, „wo soll ich die denn noch einbauen? "

Am nächsten Morgen, als sie in der U-Bahn saß und wieder in ihre Arbeit vertieft war, fiel ihr Blick auf einen älteren Mann. Er lehnte sich in seinem Sitz zurück, die Augen geschlossen, und schien einfach nur die Ruhe zu genießen. Kein Handy in der Hand, kein hektisches Blättern in Dokumenten - er saß einfach da, als hätte er alle Zeit der Welt. Sarah konnte sich kaum erinnern, wann sie zuletzt so entspannt gewesen war.

An diesem Nachmittag kam ihr ein Gedanke: „Vielleicht

geht es nicht um eine große Pause. Vielleicht reichen kleine Momente?" Ein Kollege erzählte ihr einmal von Mikro-Pausen - kurzen, bewussten Momenten, um sich zu sammeln. Damals hatte sie nur gelacht. Doch jetzt konnte sie den Gedanken nicht loslassen.

Zunächst fühlte sich der Gedanke, sich kurze Pausen zu gönnen, fast wie Verrat an. Ihr Alltag war vollgestopft, jede Minute durchgeplant. Doch Sarah beschloss, es trotzdem zu probieren. „Was habe ich zu verlieren?", dachte sie.

An einem stressigen Nachmittag, als sie sich wieder einmal gehetzt fühlte, legte sie ihren Stift zur Seite und schloss für einen Moment die Augen. Sie atmete tief ein, hielt kurz inne und atmete langsam aus. Einmal. Zweimal. Zehn Sekunden. Sie öffnete die Augen und merkte, dass ihre Schultern ein wenig weniger angespannt waren.

In den nächsten Tagen versuchte sie es immer wieder. In der U-Bahn hörte sie anstatt ihrer üblichen E-Mails Musik, die sie mochte. Während eines Meetings, bei dem sie fast die Beherrschung verlor, zählte sie innerlich langsam bis zehn. Es fühlte sich nicht wie eine Revolution an, eher wie ein kleines Flüstern, das sie daran erinnerte, dass sie die Kontrolle über ihre Gedanken behalten konnte.

Nach und nach wurden diese kleinen Pausen zu einem Ritual. Sarah schaltete nicht mehr ständig in den Überlebensmodus, sondern erlaubte sich, auch mal für einen Moment stillzustehen.

❖ Die Lösung: Wie du die Kraft der Mikro-Pausen für dich nutzen kannst

Sarah hat erkannt, dass nicht die Länge der Pausen entscheidend ist, sondern ihre Qualität. Hier sind die Schritte, die sie unternommen hat, um die Kunst der Mikro-Pausen zu meistern:

1. *Erkenne deine Signale*: Sarah lernte, die Zeichen ihres Körpers ernst zu nehmen. Das Kribbeln in den Fingern, die flache Atmung, die Unruhe - all das waren Warnsignale, die sie früher ignoriert hatte. Jetzt verstand sie, dass diese Anzeichen ein Signal waren, dass sie eine Pause brauchte. Sobald sie merkte, dass ihr Körper oder ihr Geist überlastet waren, plante sie eine kurze Mikro-Pause ein.

2. *5-10 Sekunden Atempausen*: Wann immer sie sich gestresst fühlte, nahm sie sich Zeit für eine kurze Atemübung. Sie schloss die Augen, atmete tief ein und zählte bis fünf, bevor sie langsam ausatmete. Diese Übung half ihr, sich zu zentrieren und den Moment bewusst wahrzunehmen. Sie stellte fest, dass sie durch diese kurzen Atempausen viel gelassener blieb.

3. *Bewusstes Innehalten*: In hektischen Momenten übte Sarah, ihre Bewegungen zu verlangsamen und den Moment zu spüren. Wenn sie von einem Raum in den anderen eilte, ging sie bewusst etwas langsamer, um sich zu erden. Diese kleinen, bewussten Handlungen gaben ihr das Gefühl, wieder Herrin über ihre eigene Zeit zu sein.

4. *Mini-Achtsamkeitsübungen*: Sarah nutzte kleine Routinen als Ankerpunkte. Zum Beispiel trank sie morgens eine Tasse Kaffee, ohne dabei auf ihr Handy zu starren oder in

Gedanken schon die nächsten Aufgaben durchzugehen. Sie konzentrierte sich bewusst auf den Geschmack, die Wärme der Tasse in ihrer Hand und erlaubte sich, für diesen Moment einfach nur zu genießen.

5. *Technik zur Pausenplanung*: Sie setzte einen Wecker, der sie alle zwei Stunden daran erinnerte, eine kurze Pause einzulegen. Anfangs fühlte sich das wie eine unnötige Unterbrechung an, doch nach ein paar Wochen merkte sie, dass diese Pausen ihren Fokus und ihre Energie verbesserten. Sie nutzte die kurzen Erinnerungen, um ihre Gedanken zu sortieren, sich zu strecken oder einfach tief durchzuatmen.

6. *Visualisiere deine Energie*: Sarah stellte sich in stressigen Situationen eine Batterie vor, die immer weiter aufgeladen werden musste. Jedes Mal, wenn sie eine Mikro-Pause machte, stellte sie sich vor, wie sie Energie sammelte, um die nächste Aufgabe gelassener anzugehen.

❖ Was wir von Sarah lernen: Die Kraft der bewussten Momente

Sarahs Geschichte zeigt uns, dass nicht immer die großen Veränderungen nötig sind, um den Alltag zu verbessern. Es sind oft die kleinen, bewussten Pausen, die einen großen Unterschied machen. **Mikro-Pausen sind wie Anker im Sturm** - sie geben uns Stabilität und die Möglichkeit, uns neu auszurichten.

In einer Welt, die uns ständig antreibt und uns suggeriert, dass Stillstand Rückschritt ist, müssen wir lernen, dass wahre Stärke in den Momenten der Ruhe liegt. Wenn du dir erlaubst, ab und zu innezuhalten und durchzuatmen, wirst du feststellen, dass die Welt nicht auseinanderfällt. Stattdessen findest du einen Raum in dir selbst, in dem **Gelassenheit** möglich ist - selbst an den chaotischsten Tagen.

Die Wahrheit ist: Dein Körper und dein Geist brauchen diese kleinen Momente der Erholung, um langfristig durchzuhalten. Es geht nicht darum, alles langsamer zu machen, sondern um bewusste Unterbrechungen, die dich daran erinnern, dass du mehr bist als deine Aufgaben und Verpflichtungen.

Der 14-Tage Stress Detox Plan

Sarah, Max, Nina und Jonas haben alle ihre eigenen Schlachten geschlagen, doch eines haben sie gemeinsam: Den Wunsch, die Kontrolle über ihr Leben zurückzugewinnen. Nach all den Geschichten und Erkenntnissen ist es an der Zeit, konkret zu werden - und das Steuer selbst in die Hand zu nehmen.

Stell dir vor, du gehst auf eine zweiwöchige Reise. Aber anstatt exotischer Orte besuchst du die verschiedenen Ecken deines Lebens - Orte, die du vielleicht schon zu lange vernachlässigt hast. Der 14-Tage Stress Detox Plan ist kein steifer Leitfaden, sondern eine flexible Landkarte, die dich auf deinem Weg zu weniger Stress und mehr Klarheit unterstützt.

Hier ist ein konkreter **14-Tage-Plan**, der dir hilft, den Stress Schritt für Schritt abzubauen und mehr Gelassenheit zu finden.

Tag 1: Digital Detox - Beginn deiner Entrümpelung

- *Morgens*: Überprüfe deine Benachrichtigungen. Deaktiviere alle unnötigen Benachrichtigungen auf deinem Handy (Social Media, nicht dringende Apps).
- *Tagsüber*: Versuche, dein Handy außerhalb deiner direkten Reichweite zu lassen, wenn du arbeitest.
- *Abends*: Schließe den Tag ab, indem du 30 Minuten vor dem Schlafengehen keine Bildschirme mehr verwendest.

Tag 2: Digital Detox - Zeitfenster einrichten

- *Morgens*: Lege zwei feste Zeiten am Tag fest, in denen du deine E-Mails checkst.
- *Tagsüber*: Notiere dir, wie oft du automatisch nach deinem Handy greifen willst, ohne es wirklich zu brauchen.
- *Abends*: Beobachte, wie es sich anfühlt, weniger erreichbar zu sein, und schreib deine Beobachtungen auf.

Tag 3: Die Macht der Pausen - Mikro-Pausen einbauen

- *Morgens*: Starte den Tag mit einer 5-minütigen Atemübung. Achte darauf, tief und bewusst zu atmen.
- *Tagsüber*: Stelle dir einen Wecker für alle 2 Stunden, um eine 5-minütige Mikro-Pause einzulegen. Atme tief ein und aus, strecke dich oder genieße einfach den Moment.
- *Abends*: Reflektiere kurz, wie sich die Pausen auf deine Konzentration und dein Wohlbefinden ausgewirkt haben.

Tag 4: Mikro-Pausen - Integrieren und festigen

- *Morgens*: Führe wieder eine kurze Atemübung durch, bevor du den Tag startest.
- *Tagsüber*: Nutze deine Pausen, um kurz den Raum zu wechseln, frische Luft zu schnappen oder dich kurz zu dehnen.
- *Abends*: Schreibe auf, wann du Pausen gemacht hast und welche Auswirkungen du gespürt hast.

Tag 5: Entrümple deinen Kalender

- *Morgens*: Überprüfe deinen Kalender für die Woche. Suche nach einem 30-Minuten-Block, den du als „deine Zeit " markierst.

- *Tagsüber*: Wenn jemand spontan eine Aufgabe von dir möchte, sage höflich „Nein ", falls es nicht dringend ist.
- *Abends*: Reflektiere, wie es sich anfühlt, bewusst Zeit für dich selbst zu blocken.

Tag 6: Entrümple deine Umgebung

- *Morgens*: Identifiziere einen Bereich, den du heute aufräumen möchtest (z. B. deinen Schreibtisch).
- *Tagsüber*: Nimm dir 15 Minuten, um diesen Bereich zu entrümpeln und alles zu ordnen.
- *Abends*: Genieße bewusst die Ordnung in diesem Bereich und wie sich das auf deinen Kopf auswirkt.

Tag 7: Reflektiere deine Erfolge

- *Morgens*: Nimm dir 5 Minuten Zeit, um deine Atmung zu beruhigen und den Tag bewusst zu starten.
- *Tagsüber*: Nutze eine deiner Pausen, um kurz zu notieren, welche Veränderungen du bereits bemerkt hast.
- *Abends*: Schreibe in dein Journal, was dir bisher gut gelungen ist und was dir noch schwerfällt.

Tag 8: Dankbarkeit und Achtsamkeit

- *Morgens*: Schreibe 3 Dinge auf, für die du heute dankbar bist, bevor du in den Tag startest.
- *Tagsüber*: Nutze eine Pause, um bewusst in den Moment zu gehen und dankbar zu sein für etwas, das dir heute passiert ist.
- *Abends*: Füge deiner Liste weitere 2 Dinge hinzu, für die du am Ende des Tages dankbar bist.

Tag 9: Bewegung - Ein bewusster Spaziergang

- *Morgens*: Plane 20 Minuten für einen Spaziergang ein - egal wann, Hauptsache heute.
- *Tagsüber*: Gehe bewusst spazieren, ohne Handy oder Musik. Achte auf deine Schritte, deine Atmung und die Geräusche um dich herum.
- *Abends*: Notiere, wie sich der Spaziergang angefühlt hat.

Tag 10: Verabschiede dich von Perfektionismus

- *Morgens*: Stelle dir heute die Frage: „Was kann ich heute loslassen? "
- *Tagsüber*: Wenn du den Drang verspürst, alles perfekt zu machen, erinnere dich bewusst daran, dass „gut genug " wirklich ausreicht.
- *Abends*: Schreibe auf, wann und wie du dir heute erlaubt hast, unperfekt zu sein.

Tag 11: Bewusstes Innehalten - Finde deine Ankerpunkte

- *Morgens*: Starte den Tag mit einer kurzen Atemübung, um dich zu erden.
- *Tagsüber*: Versuche, dich in stressigen Momenten bewusst auf deine Atmung zu konzentrieren, um dich zu beruhigen.
- *Abends*: Überlege, welche „Ankerpunkte " dir geholfen haben, wieder zur Ruhe zu kommen.

Tag 12: Aufräumen und Loslassen

- *Morgens*: Identifiziere heute einen Bereich (physisch oder mental), den du loslassen oder aufräumen möchtest.
- *Tagsüber*: Widme dich diesem Bereich und sei dabei geduldig mit dir selbst.

- *Abends*: Überprüfe, wie sich das Aufräumen auf deine innere Klarheit ausgewirkt hat.

Tag 13: Dankbarkeit und Verbundenheit

- *Morgens*: Beginne den Tag mit einem kleinen Lächeln und einer dankbaren Einstellung.
- *Tagsüber*: Sage bewusst „Danke" zu jemandem, den du oft übersiehst, sei es ein Kollege, Familienmitglied oder Freund.
- *Abends*: Schreibe eine kurze Nachricht an jemanden, dem du danken möchtest, für das, was er oder sie für dich tut.

Tag 14: Feier deine Erfolge und setze neue Ziele

- *Morgens*: Starte den Tag mit einer Momentaufnahme: Wie fühlst du dich im Vergleich zu Tag 1?
- *Tagsüber*: Nimm dir heute Zeit für ein Ritual deiner Wahl. Es kann ein entspannendes Bad sein, ein Spaziergang, eine Meditation – was auch immer dir guttut.
- *Abends*: Schreibe auf, welche neuen Gewohnheiten du weiterführen möchtest und welche kleinen Ziele du dir für die nächsten 14 Tage setzen willst.

Ein abschließendes Wort

Der 14-Tage Stress Detox Plan ist keine magische Lösung. Es ist ein Anfang, eine Struktur, die dir hilft, bewusster mit dir und deiner Umgebung umzugehen. Diese 14 Tage sollen dir zeigen, dass du mehr Kontrolle über deine Zeit, deine Energie und deinen Kopf hast, als du vielleicht denkst.

Sarah, Max, Nina und Jonas haben alle ihre eigenen Wege gefunden, mit Stress umzugehen - und du kannst das auch.

Dein Weg wird anders aussehen, aber die Prinzipien bleiben gleich: **Achtsamkeit, bewusste Pausen, klare Grenzen und ein liebevoller Blick auf dich selbst.**

Teil 3: Resilienz 2.0 - Dein inneres Upgrade

Die 3 Säulen der Resilienz – Ein inneres Upgrade

Sarah, Max, Nina, und Jonas haben alle ihre eigenen Krisen durchlebt, und jede ihrer Geschichten zeigt uns verschiedene Facetten von Resilienz. Doch wie können wir Resilienz bewusst aufbauen? Stell dir Resilienz als ein Haus vor, das auf drei stabilen Säulen steht. Diese Säulen sind das Fundament, auf dem du dein Leben aufbaust, und sie geben dir die Kraft, Stürmen standzuhalten und immer wieder aufzustehen.

Die erste Säule: Selbstbewusstsein – Vertraue dir selbst

Selbstbewusstsein ist nicht dasselbe wie Selbstvertrauen. Es geht nicht darum, von deinen Fähigkeiten überzeugt zu sein, sondern vielmehr darum, dich selbst wahrzunehmen und zu verstehen. Es geht darum, deine Stärken und Schwächen zu kennen und ehrlich mit dir selbst zu sein.

Sarahs Erkenntnis: Sarahs Geschichte hat gezeigt, dass sie sich selbst fast verloren hatte in ihrem hektischen Alltag. Sie musste wieder lernen, auf ihre eigenen Bedürfnisse zu achten. Sie stellte fest, dass sie ihre eigenen Warnsignale lange ignoriert hatte, weil sie glaubte, alles alleine bewältigen zu müssen. Doch mit Mikro-Pausen und bewusster Achtsamkeit begann sie, sich selbst wieder wahrzunehmen und zu verstehen, wann ihr Körper und Geist nach einer Pause riefen.

Übung für die erste Säule:

- Setze dich einmal pro Woche für 15 Minuten hin und stelle dir die Fragen:
Was brauche ich wirklich?
Was signalisiert mir mein Körper?
Schreibe deine Antworten auf und überlege, wie du in der kommenden Woche mehr Rücksicht auf dich nehmen kannst.

Die zweite Säule: Flexibilität – Den Kurs ändern, ohne die Richtung zu verlieren

Resilienz bedeutet nicht, dass du starr und unnachgiebig sein musst. Im Gegenteil: Es geht darum, flexibel zu bleiben, selbst wenn die Winde dich aus der Bahn werfen. Wenn das Leben unerwartete Kurven nimmt, ist deine Fähigkeit, dich anzupassen, entscheidend.

Max' Wendepunkt: Max' Geschichte zeigt, dass er jahrelang starr an seinen Arbeitsgewohnheiten festgehalten hat. Er war überzeugt, dass er nur erfolgreich sein kann, wenn er sich vollständig seinem Job hingibt. Doch als seine Gesundheit darunter litt und seine Familie zunehmend auf Distanz ging, musste er lernen, flexibler zu sein und Prioritäten zu setzen. Er setzte klare Regeln für Arbeitszeiten und E-Mails, was ihm half, das Gleichgewicht zwischen Arbeit und Privatleben wiederzufinden.

Übung für die zweite Säule:

- Mache eine Liste mit den Bereichen deines Lebens, in

denen du zu starr bist. Frage dich, wo du flexibler reagieren könntest und was passieren würde, wenn du loslässt. Finde einen kleinen Schritt, den du diese Woche ausprobieren kannst - vielleicht eine neue Arbeitsroutine oder eine bewusst geplante Zeit für dich.

Die dritte Säule: Selbstwirksamkeit - Glaube daran, dass du etwas verändern kannst

Selbstwirksamkeit bedeutet, die Überzeugung zu haben, dass du dein Leben beeinflussen und aktiv gestalten kannst. Es geht darum, Verantwortung für dich selbst zu übernehmen und nicht nur passiv auf die Dinge zu reagieren, die auf dich zukommen.

Ninas Entscheidung: Ninas Geschichte lehrt uns, wie schwer es ist, immer „Ja" zu sagen, um anderen zu gefallen, und dabei sich selbst zu vergessen. Doch als sie begann, ihre Grenzen zu setzen und zu erkennen, dass ihre Bedürfnisse genauso wichtig sind, gewann sie an Selbstwirksamkeit. Sie lernte, dass sie es in der Hand hatte, ihre Zeit und Energie zu schützen. Diese Erkenntnis gab ihr die Kraft, auch in schwierigen Momenten „Nein" zu sagen, ohne Schuldgefühle zu haben.

Übung für die dritte Säule:

- Setze dir ein konkretes Ziel für diese Woche, dass du selbst beeinflussen kannst. Es sollte nicht zu groß sein - vielleicht eine klare Grenze bei der Arbeit setzen, bewusst „Nein" zu sagen, oder eine tägliche Achtsamkeitsübung einzuführen. Halte fest, wie sich diese Entscheidungen auf dein Selbstgefühl auswirken.

❖ Dein persönliches Resilienz-Upgrade

Der Schlüssel zu einem resilienten Leben liegt in der Pflege dieser drei Säulen. Das bedeutet nicht, dass du dich nie wieder gestresst oder überfordert fühlen wirst – aber es bedeutet, dass du schneller und bewusster wieder auf die Beine kommst. Sarah, Max, Nina und Jonas sind nicht perfekt, und sie kämpfen immer noch mit ihren Herausforderungen. Aber sie haben gelernt, dass Resilienz ein Prozess ist, den man bewusst gestalten kann.

Ein praktischer Resilienz-Plan für die nächsten 7 Tage

Um diese drei Säulen in deinem Alltag zu verankern, probiere den folgenden Wochenplan aus:

Tag 1: Nimm dir morgens 10 Minuten Zeit, um deinen Körper bewusst wahrzunehmen. Was spürst du? Was signalisiert er dir?

Tag 2: Überlege, wo du heute flexibler sein kannst. Lass los, was nicht perfekt sein muss, und beobachte, wie sich das anfühlt.

Tag 3: Setze dir ein klares Ziel für den Tag. Was möchtest du heute anders machen?

Tag 4: Überprüfe am Abend, wie du deine Bedürfnisse heute wahrgenommen hast. Schreibe deine Gedanken auf.

Tag 5: Probiere eine neue Routine aus, sei es eine Mikro-Pause, ein Spaziergang oder eine andere Gewohnheit.

Tag 6: Sage heute mindestens einmal bewusst „Nein " zu

etwas, das du nicht tun möchtest.

Tag 7: Schreibe am Ende der Woche, welche der drei Säulen dir am meisten geholfen hat und wie du sie weiter stärken möchtest.

❖ Resilienz 2.0 - Dein inneres Upgrade

Resilienz ist kein festgelegter Zustand, sondern eine Fähigkeit, die du ständig weiterentwickeln kannst. Sie ist wie eine Software, die du regelmäßig aktualisieren musst, um den Herausforderungen des Lebens gewachsen zu sein. Indem du die drei Säulen Selbstbewusstsein, Flexibilität und Selbstwirksamkeit stärkst, schaffst du dir ein solides Fundament, auf dem du dein Leben aufbauen kannst.

Erinnere dich: **Es geht nicht darum, immer stark zu sein, sondern darum, zu wissen, wie du dich wieder aufrichtest, wenn das Leben dich umwirft.**

Die Kunst, inmitten des Chaos ruhig zu bleiben

❖ Warum du keine Superkräfte brauchst

Sarah sitzt in ihrem Wohnzimmer, umgeben von einem Haufen Wäsche, halb geleerten Kaffeetassen und einer To-Do-Liste, die aussieht wie ein Roman. Es war einer dieser Tage gewesen, an denen sie das Gefühl hatte, dass alles um sie herum zusammenbricht. Die Kinder hatten sich gestritten, der Chef hatte neue Aufgaben ohne Ende in die Runde geworfen, und die Emails häuften sich schneller als sie sie beantworten konnte. Chaos pur.

„Wie soll ich das alles schaffen?", flüsterte sie, während sie mit einer Hand durch ihr zerzaustes Haar fuhr. Es fühlte sich an, als würde ihr Kopf explodieren. Sie dachte oft, dass es eine Art Superkraft bräuchte, um mit all dem klarzukommen - diese Art von Zen-Gelassenheit, die sie bei anderen bewunderte. Menschen, die es schafften, ruhig zu bleiben, während um sie herum die Welt unterzugehen schien.

❖ Der Mythos der Gelassenheit

Viele Menschen glauben, dass innere Ruhe und Gelassenheit eine Gabe ist, mit der man geboren wird - entweder man hat sie, oder man hat sie nicht. Aber das ist ein Mythos. Die Wahrheit ist, dass **Gelassenheit eine Fähigkeit** ist, die man lernen kann. Und wie jede Fähigkeit erfordert sie Übung, Geduld und einen bewussten Umgang mit sich selbst.

Die Ruhe, die du bei anderen siehst, ist nicht das Fehlen von Problemen oder Stress. Sie ist vielmehr das Ergebnis von kleinen, bewussten Entscheidungen und Techniken, die diese Menschen einsetzen, um sich selbst zu beruhigen.

Max, der Workaholic-Vater, musste das schmerzhaft lernen. Lange Zeit hielt er durch, indem er sich einredete, dass er alles schaffen muss, dass er stark bleiben muss - für seine Familie und seinen Job. Aber dann brach der Stress über ihn herein, und er verstand, dass Stärke nicht bedeutet, alles auszuhalten, sondern zu wissen, wann es genug ist.

❖ Die Lösung: Kleine Schritte, große Wirkung - Wie du Gelassenheit gezielt trainierst

Gelassenheit ist wie ein Muskel, den du trainieren kannst. Es geht nicht darum, eine „Superkraft" zu erlangen, sondern darum, sich kleine Techniken und Gewohnheiten anzueignen, die dir helfen, inmitten des Chaos ruhig zu bleiben. Hier sind einige **konkrete Schritte**, die dir dabei helfen können:

1. Die 5-4-3-2-1-Methode - Sofortige Erdung im Chaos

Die 5-4-3-2-1-Methode ist eine schnelle Achtsamkeitsübung, die dir hilft, in stressigen Momenten wieder zu dir selbst zu finden. Wenn du das Gefühl hast, dass dir alles über den Kopf wächst, nimm dir einen

Moment und führe diese Übung durch:

- **5**: Bemerke fünf Dinge um dich herum, die du sehen kannst.
- **4**: Höre auf vier Geräusche, die du gerade wahrnimmst.
- **3**: Fühle drei Dinge, die du gerade berühren kannst.
- **2**: Achte auf zwei Gerüche, die du wahrnimmst.
- **1**: Schmecke bewusst etwas, wie einen Schluck Wasser oder einen Kaugummi.

Diese Übung erdet dich im Hier und Jetzt und lenkt deine Aufmerksamkeit von den Gedanken in deinem Kopf auf deine Umgebung. Sie gibt dir die Kontrolle zurück.

2. Das „Mini-Zen-Zeichen " - Ein Symbol für Gelassenheit

Max hat sich angewöhnt, ein kleines Ritual durchzuführen, das er sein „Mini-Zen-Zeichen " nennt. Er hat ein winziges Symbol, ein kleines Amulett, das er in seiner Hosentasche trägt. Wann immer er sich überfordert fühlt, greift er nach diesem Symbol und hält es kurz in seiner Hand, während er tief ein- und ausatmet. Es ist ein Moment der bewussten Erinnerung daran, dass er ruhig bleiben darf.

Du kannst das auch mit einem Ring, einer Halskette oder sogar einem kleinen Stein machen. Es ist nicht das Objekt, das dir Ruhe gibt, sondern die bewusste Handlung, die dich daran erinnert, inmitten des Chaos durchzuatmen.

3. Der „Stopp-und-Frage-Trick" - Stoppe deine Gedanken und hinterfrage sie

Ein großes Problem in stressigen Situationen sind die Gedankenspiralen, in die wir uns hineinsteigern. Ein Gedanke führt zum nächsten, und plötzlich drehen sich alle Gedanken nur noch um „Was, wenn… ". Der „Stopp-und-Frage-Trick" hilft dir, diese Spirale zu durchbrechen.

Wenn du merkst, dass deine Gedanken sich überschlagen, sage innerlich „Stopp". Dann stelle dir die Frage: *„Ist das gerade wirklich so schlimm, wie es sich anfühlt?"* Meistens übertreiben unsere Gedanken die Realität. Indem du diese Frage stellst, gibst du dir selbst die Möglichkeit, die Situation realistischer einzuschätzen.

4. Das tägliche „Zen-Moment-Ritual" - Baue bewusste Momente der Stille ein

Gelassenheit entsteht nicht durch ein einmaliges großes Ritual, sondern durch kleine, regelmäßige Momente der Stille. Setze dir das Ziel, jeden Tag einen „Zen-Moment" einzubauen - einen bewussten Moment, in dem du alles zur Seite legst und dich einfach nur auf deinen Atem konzentrierst.

Sarah hat begonnen, ihre „Zen-Momente" mit einem Wecker zu planen. Jeden Tag um 15 Uhr stellt sie sich einen 5-Minuten-Timer, in dem sie nur dasitzt, tief atmet und die Gedanken loslässt. Sie nennt es ihre „Mini-Meditation". Diese kleinen Pausen helfen ihr, den Stress des Tages auszugleichen.

5. Die „Chaos-Checkliste" - Akzeptiere das Unkontrollierbare

Einer der wichtigsten Schritte zur Gelassenheit ist das Akzeptieren der Dinge, die du nicht kontrollieren kannst. Max hat sich eine „Chaos-Checkliste" erstellt, die ihm hilft, in stressigen Momenten klar zu erkennen, was er beeinflussen kann und was nicht.

Schreibe zwei Listen:
- *Liste 1*: Dinge, die ich kontrollieren kann
- *Liste 2*: Dinge, die außerhalb meiner Kontrolle liegen

Wenn dich das Chaos überfordert, nimm dir deine Checkliste zur Hand und fokussiere dich bewusst nur auf die Dinge, die du beeinflussen kannst. Den Rest lässt du los.

❖ Warum Gelassenheit kein Endziel ist

Gelassenheit ist nicht der Zustand, in dem nie wieder etwas schiefgeht. Es ist nicht das Endziel, dass du erreichen musst. **Gelassenheit ist vielmehr die Fähigkeit, mit dem Chaos zu tanzen, anstatt dagegen anzukämpfen.**

Wenn du auf deine innere Ruhe achtest und dir kleine Momente der Achtsamkeit erlaubst, wirst du feststellen, dass die Welt um dich herum sich nicht verändert - aber dein Umgang damit schon. Die Kunst, inmitten des Chaos ruhig zu bleiben, ist wie das Balancieren auf einem Seil: Du wirst wanken und straucheln, aber das ist okay. Es kommt nicht darauf an, nie das Gleichgewicht zu verlieren, sondern darauf, immer wieder die Balance zu finden.

Die emotionale Entgiftung – Loslassen, was dich festhält

Stress entsteht nicht nur durch äußeren Druck, sondern oft auch durch die Last, die wir innerlich mit uns herumtragen. Alte Wunden, ungesunde Glaubenssätze, Schuldgefühle – all das kann sich anstauen und wie ein emotionales Gift wirken. Dieses Kapitel widmet sich der Kunst des emotionalen Loslassens und zeigt dir, wie du die Vergangenheit nicht länger als Ballast mit dir schleppen musst.

❖ Die versteckte Last von Nina

Nina war schon immer der Typ Mensch, der alles in sich hineinfraß. Als sie in ihrer Kindheit ihre Eltern streiten hörte, versuchte sie, alles perfekt zu machen, um die Spannung zu lindern. Diese Tendenz, alles zu harmonisieren und die Verantwortung für das Glück anderer zu übernehmen, zog sich wie ein roter Faden durch ihr Leben.

Auch jetzt, in ihrem Job und Freundeskreis, setzte sich dieser Mechanismus fort. Sie fühlte sich ständig verantwortlich – für die Stimmung in Meetings, für die Sorgen ihrer Freunde, für die Probleme in ihrer Familie. Doch diese Last war wie ein unsichtbarer Stein, der immer schwerer wurde und sie innerlich erstickte.

An einem verregneten Abend, als Nina völlig erschöpft von

einem langen Arbeitstag nach Hause kam, brach sie in Tränen aus. Es fühlte sich an, als wäre der Druck zu groß geworden, als würde sie an ihren eigenen Erwartungen und den Erwartungen der anderen zerbrechen. „Warum kann ich nicht einfach loslassen?", fragte sie sich.

❖ Warum wir an emotionalen Lasten festhalten

Emotionale Lasten entstehen oft durch tiefe Überzeugungen oder alte Verletzungen, die wir nie richtig verarbeitet haben. **Es ist, als würden wir Koffer voller alter Wut, unerfüllter Erwartungen und geplatzter Träume mit uns herumtragen.** Doch warum halten wir an diesen Lasten fest? Meistens sind es drei Dinge:

1. *Angst vor Veränderung*: Selbst, wenn eine Last uns unglücklich macht, kann die Vorstellung, sie loszulassen, beängstigend sein. Was, wenn du dich leer fühlst, wenn du den alten Ärger loslässt? Was bleibt dann noch übrig?

2. *Glaubenssätze*: Wir glauben oft, dass wir an Wut oder Groll festhalten müssen, um uns zu schützen. „Wenn ich loslasse, heißt das, dass das, was passiert ist, in Ordnung war", denken wir. Doch das ist ein Irrtum.

3. *Schuldgefühle*: Viele Menschen tragen Schuldgefühle mit sich herum, als wären sie eine Art Buße. Doch Schuldgefühle sind wie ein Stuhl, der am Boden festgenagelt ist – du kommst nicht voran, egal wie sehr du dich abmühst.

❖ Der Prozess des Loslassens: Wie du emotionale Altlasten auflöst

Nina entschied sich, professionelle Hilfe in Anspruch zu nehmen. Ihre Therapeutin half ihr, die tiefsitzenden Überzeugungen zu erkennen, die sie daran hinderten, die Verantwortung für alles und jeden loszulassen. Dabei lernte Nina, dass Loslassen nicht bedeutet, gleichgültig zu sein – sondern dass es eine bewusste Entscheidung ist, sich nicht mehr von der Vergangenheit kontrollieren zu lassen.

Ninas Therapeutin führte sie durch drei Schritte:

1. *Erkennen und benennen*: Der erste Schritt war, dass Nina sich bewusst machte, welche Lasten sie eigentlich trug. Sie schrieb auf, welche Glaubenssätze und unerfüllten Erwartungen sie mit sich herumtrug – alles, was sie bisher nicht loslassen konnte. Indem sie diese Gefühle benannte, bekamen sie eine greifbare Form.

2. *Vergebung und Verständnis*: Nina lernte, sich selbst zu vergeben. Sie verstand, dass ihre Verantwortung nicht darin lag, andere glücklich zu machen, sondern authentisch zu sich selbst zu stehen. Sie begann, sich sanfter zu behandeln und ihre eigenen Fehler und Unzulänglichkeiten zu akzeptieren.

3. *Aktives Loslassen*: Der wichtigste Schritt war das aktive Loslassen. Nina stellte sich vor, wie sie jeden Koffer, den sie mit sich trug, bewusst abstellte. Dabei halfen ihr Visualisierungsübungen und Rituale, wie das Verbrennen alter Briefe oder das Schreiben eines Abschiedsbriefes an ihr jüngeres Ich.

❖ Dein emotionales Detox-Ritual

Um deine eigene emotionale Last loszulassen, probiere dieses Detox-Ritual:

1. *Schaffe einen ruhigen Raum*: Setze dich an einen Ort, an dem du ungestört bist. Zünde eine Kerze an, um eine bewusste Atmosphäre zu schaffen. Halte Papier und Stift bereit.

2. *Schreibe einen „Loslass-Brief"*: Schreibe einen Brief an eine Person, eine Situation oder einen Teil von dir selbst, den du loslassen möchtest. Erlaube dir, all deine Gefühle in diesen Brief zu packen. Lass dabei auch Wut, Enttäuschung und Schmerz zu.

3. *Das Verabschiedungsritual*: Lese den Brief laut vor. Wenn du dich bereit fühlst, verbrenne ihn in einem sicheren Umfeld oder zerreiße ihn bewusst. Stelle dir dabei vor, wie du die Last mit jedem Wort, das in Rauch aufgeht, loslässt.

Die heilende Kraft des Verzeihens

Vergebung ist ein kraftvolles Werkzeug, um emotionale Lasten loszulassen. Doch Vergebung ist nicht dasselbe wie Akzeptanz oder Vergessen. Es geht nicht darum, was passiert ist, zu rechtfertigen, sondern darum, dich selbst von den Ketten der Vergangenheit zu befreien. Wenn du vergibst, gibst du dir selbst die Freiheit zurück.

Vergebung bedeutet, die Energie zurückzugewinnen, die du bisher in alte Wunden investiert hast. Es ist, als würdest du den Giftpfeil aus deiner Haut ziehen, um endlich heilen zu können.

❖ Ein emotionales Resümee

Emotionales Loslassen ist ein Akt des Mutes. Es erfordert, dich den Dingen zu stellen, die dich festhalten, und sie bewusst loszulassen. Ninas Geschichte zeigt uns, dass es keine Schwäche ist, loszulassen - im Gegenteil, es ist eine bewusste Entscheidung für Freiheit und inneren Frieden.

Denke daran, dass es nicht darum geht, alles auf einmal zu lösen. Es ist ein Prozess, der Zeit und Geduld erfordert. Doch mit jedem Koffer, den du abstellst, wirst du leichter. Und irgendwann wirst du spüren, dass du wieder freier atmen kannst - als hättest du einen schweren Rucksack endlich abgelegt.

Von Panik zu Power

❖ Warum du nicht aus Zucker bist

Nina saß in ihrem Auto, ihre Hände fest um das Lenkrad geklammert. Sie starrte durch die Windschutzscheibe, sah aber nichts. Die Tränen liefen still über ihre Wangen, während die Worte ihres Chefs in ihrem Kopf widerhallten: „Nina, du musst lernen, den Druck auszuhalten." Druck. Das war es, was sie jeden Tag fühlte - wie ein unsichtbarer Knoten, der sich immer enger zusammenzog. Und sie dachte oft: „Ich kann das nicht. Das wird alles zu viel."

Jeder Sturm, jede Herausforderung, fühlte sich an wie ein drohendes Gewitter, das sie überwältigen könnte. Nina hatte das Gefühl, als sei sie aus dünnem Glas - ein kleiner Schlag, und sie würde zerspringen. Aber das Problem war nicht der Druck, der auf ihr lastete. Es war ihre Überzeugung, dass sie ihn nicht aushalten könnte.

Viele von uns haben diese Überzeugung tief in sich verankert: „Ich bin nicht stark genug, um das durchzustehen." Doch diese Überzeugung ist eine Lüge. Das Leben ist voller Stürme, und ja, manche davon sind heftig und unerbittlich. Aber die Wahrheit ist, dass du nicht aus Zucker bist. Du wirst nicht zerfließen oder zerspringen, wenn der Druck zunimmt. Du hast die Fähigkeit, diese Stürme zu überstehen - ohne Drama, ohne Selbstmitleid.

❖ Der Mythos des Dramas

Drama entsteht oft durch unsere eigenen Gedanken und Überzeugungen. Wir neigen dazu, uns selbst Geschichten zu erzählen, die die Herausforderungen, vor denen wir stehen, als unüberwindbar darstellen. Wir dramatisieren, weil es sich dann fast gerechtfertigt anfühlt, aufzugeben oder zu fliehen.

Aber Drama ist wie ein Verstärker – es macht die Stürme lauter und bedrohlicher, als sie wirklich sind. Nina musste das auf die harte Tour lernen. Lange Zeit ließ sie sich von den Stürmen überwältigen, weil sie glaubte, dass jeder Gegenwind sie umwerfen würde. Doch irgendwann wurde ihr klar: Die Stürme sind nicht das Problem. Das Problem war ihr innerer Monolog, der ihr ständig zuflüsterte, dass sie den Kampf verlieren würde.

❖ Die Lektion: Aus Herausforderungen Wurzeln schlagen

Eines Tages, nach einer besonders stressigen Woche, las Nina einen Satz, der sie nicht mehr losließ: *„Bäume schlagen Wurzeln, indem sie den Stürmen standhalten."*

Es war ein einfacher Satz, aber er brachte ihr etwas Entscheidendes bei: Wurzeln wachsen nicht in der Ruhe. Sie wachsen im Sturm, im Widerstand, in der Herausforderung.

Sie begann zu verstehen, dass die Herausforderung selbst nicht das Problem war. Sie war vielmehr eine Chance, sich zu festigen, stärker zu werden und Wurzeln zu schlagen.

Es war kein schneller oder einfacher Prozess, aber es war der Moment, in dem Nina begann, ihre Widerstandskraft zu stärken. Sie erkannte, dass die Stürme nicht dazu da sind, sie zu zerstören, sondern sie zu formen.

❖ Von Panik zu Power - Schritte zur inneren Widerstandskraft

1. Akzeptiere, dass du stark bist - auch wenn du es nicht fühlst
Nina glaubte lange Zeit, dass Stärke bedeutet, keine Angst zu haben. Doch irgendwann verstand sie, dass wahre Stärke bedeutet, trotz der Angst weiterzumachen. Stärke ist nicht das Fehlen von Schwäche, sondern die Entscheidung, trotzdem weiterzugehen. Wenn du das Gefühl hast, dass du den Stürmen deines Lebens nicht standhalten kannst, erinnere dich daran: Die Tatsache, dass du hier bist, bedeutet, dass du bereits stark bist.

2. Setze gesunde Grenzen - ohne schlechtes Gewissen
Ein zentraler Schritt, um aus Panik Power zu machen, ist die Kunst, Grenzen zu setzen. Nina lernte, dass sie nicht für jeden Sturm verantwortlich ist - sie muss nicht jeden Kampf kämpfen. Manchmal ist die größte Stärke, „Nein" zu sagen, ohne Schuldgefühle. Wenn du immer „Ja" sagst, überschreitest du ständig deine eigenen Grenzen und fühlst dich am Ende ausgelaugt und überfordert.

3. Finde einen Anker - und halte ihn fest
Nina fand ihren Anker in der Meditation, aber ein Anker kann vieles sein: Ein täglicher Spaziergang, eine Atemübung, ein Gebet oder sogar ein inspirierendes Zitat. Ein Anker ist etwas, das dich daran erinnert, dass du

inmitten der Stürme etwas hast, das dir Halt gibt. Ninas Anker war der Satz: *„Bäume schlagen Wurzeln, indem sie den Stürmen standhalten."* Wann immer sie sich überfordert fühlte, stellte sie sich vor, wie ihre Wurzeln tiefer in den Boden griffen, anstatt sich vom Wind mitreißen zu lassen.

❖ Die innere Widerstandskraft stärken

Widerstandskraft bedeutet nicht, dass du nie fällst oder nie zweifelst. Es bedeutet, dass du den Mut hast, immer wieder aufzustehen und weiterzumachen. Die Kunst besteht darin, die Herausforderung nicht als Feind zu betrachten, sondern als Lehrer. Die Stürme deines Lebens wollen dich nicht zerstören – sie wollen dir zeigen, wie stark du wirklich bist.

Eine praktische Übung: Dein „Sturmbuch"

Nimm ein Notizbuch und widme es deinen „Stürmen". Jedes Mal, wenn du dich überfordert fühlst oder in Panik gerätst, schreibe es auf. Aber anstatt dich auf das Drama zu konzentrieren, beantworte die folgenden Fragen:

1. Welcher Sturm tobt gerade in mir? (Beschreibe die Herausforderung)

2. Was ist das Schlimmste, das passieren könnte? (Schreibe auf, was du befürchtest)

3. Was ist das Wahrscheinlichste, das passieren wird? (Schreibe realistisch auf, wie es wahrscheinlich ausgeht)

4. Was habe ich schon durchgestanden? (Erinnere dich an vergangene Stürme, die du überlebt hast)

5. Was kann ich tun, um mich selbst zu unterstützen? (Notiere einen kleinen, machbaren Schritt)

Dieses Sturmbuch hilft dir, die Panik zu relativieren und dich an deine eigene Stärke zu erinnern. Es zeigt dir, dass du nicht aus Zucker bist - und dass du die Kraft hast, Wurzeln zu schlagen, selbst wenn der Wind stark bläst.

❖ Ein abschließender Gedanke: Werde zu einem Baum im Sturm

Der Weg von Panik zu Power bedeutet, den Stürmen deines Lebens ohne Drama zu begegnen. Es bedeutet, die Herausforderungen nicht zu fürchten, sondern zu wissen, dass sie dich festigen. Ein Baum wächst nicht trotz des Sturms, sondern gerade wegen des Sturms.

Du bist nicht aus Zucker. Du bist stärker, als du denkst. Und wenn der nächste Sturm kommt, erinnere dich daran, dass du die Wurzeln schlagen kannst, die du brauchst, um standzuhalten. **Denn aus jeder Herausforderung wächst ein tieferes Verständnis deiner eigenen Kraft - und das ist deine wahre Power.**

Gelassen stark: Der Alltagstest für deine Resilienz

❖ Halt, bevor der Stress dich wieder einholt

Du hast hart gearbeitet, deine Resilienz gestärkt und neue Gewohnheiten entwickelt. Du hast gelernt, Mikro-Pausen einzubauen, deinen inneren Kritiker zu zähmen und den Stress zu relativieren. Doch der wahre Test beginnt jetzt - im Alltag. Denn es gibt nichts Tückischeres, als in alte Muster zurückzufallen, sobald der Alltag dich wieder einholt.

Die Welt verändert sich nicht plötzlich, nur weil du es tust. Die Anforderungen, die To-Do-Listen, die unerwarteten Probleme - all das bleibt. Doch du hast jetzt das Werkzeug, um darauf zu reagieren. Resilienz ist nicht etwas, das du einmal entwickelst und dann für immer hast. Sie muss gepflegt, geübt und immer wieder in deinen Alltag integriert werden.

❖ Der Alltagstest: Halte deine Gewohnheiten auf Kurs

Sarah hatte das Gefühl, sie hätte das Schlimmste überstanden. Sie hatte sich neue Gewohnheiten angeeignet und spürte eine neue innere Ruhe. Doch dann passierte es: Zwei Wochen später war sie zurück im Stressmodus. Die Arbeit türmte sich, die Kinder waren krank, und die

Mikro-Pausen fielen unter den Tisch. Alte Muster, alter Stress. „Wofür das Ganze?", fragte sie sich frustriert.

Sarah erkannte, dass es nicht genügt, einmal neue Gewohnheiten zu etablieren - man muss sie aktiv pflegen und regelmäßig überprüfen. Denn der Alltag hat eine seltsame Art, uns wieder in alte Muster zurückzuziehen, wenn wir nicht aufpassen.

❖ Wie du deine neuen Gewohnheiten in den Alltag integrierst

Es gibt ein paar einfache Strategien, um sicherzustellen, dass deine neuen Gewohnheiten auch im hektischen Alltag bestehen bleiben:

1. Verknüpfe neue Gewohnheiten mit bestehenden Ritualen

Der einfachste Weg, eine neue Gewohnheit zu festigen, ist, sie an eine bestehende Routine zu knüpfen. Sarah begann, ihre 5-Minuten-Atemübungen mit dem Kaffee am Morgen zu verknüpfen. Sie stellte sich die Regel auf: „Kein Schluck Kaffee, bevor ich tief durchgeatmet habe." Indem du neue Gewohnheiten in bestehende Rituale integrierst, wird die Umsetzung automatisch und weniger anstrengend.

2. Setze dir kleine „Stress-Wächter" im Alltag

Max hatte eine einfache, aber wirkungsvolle Methode gefunden: Er stellte sich Erinnerungen auf seinem Handy ein, die ihn an seine Pausen erinnerten. Die Erinnerung lautete schlicht: „Kurze Pause - durchatmen und lächeln. " Es ist wichtig, kleine Ankerpunkte im Alltag zu setzen, die dich daran erinnern, innezuhalten und deine Resilienz-Tools zu nutzen.

3. Reflexion statt Perfektion

Es wird Tage geben, an denen du deine Gewohnheiten schleifen lässt. Das ist normal. Nina bemerkte oft, dass sie sich selbst zu hart beurteilte, wenn sie einen schlechten Tag hatte. Doch anstatt sich dafür zu verurteilen, begann sie, ihre Woche bewusst zu reflektieren: „Was ist mir gelungen? Was fiel mir schwer? " Sie erkannte, dass Reflexion wichtiger ist als Perfektion. Es geht darum, bewusst zu lernen und sich weiterzuentwickeln.

4. Nutze die „3-Minuten-Rettung " bei Rückfällen

Wenn Sarah wieder in alte Muster verfiel, nutzte sie ihre „3-Minuten-Rettung ". Sie setzte sich, atmete bewusst ein und aus und stellte sich folgende Frage: *„Was hätte mein zukünftiges Ich in dieser Situation getan?* " Diese Übung half ihr, die Situation mit Abstand zu betrachten und sich auf ihre Fortschritte zu besinnen. Manchmal reichen schon 3 Minuten, um den Kurs neu zu setzen.

❖ Reflexionsfragen und Selbst-Check: Ist dein Stresslevel in der grünen Zone?

Es ist wichtig, regelmäßig zu überprüfen, ob dein Stresslevel in der „grünen Zone " ist. Die grüne Zone symbolisiert ein ausgeglichenes Stressniveau, in dem du dich zwar Herausforderungen stellst, aber nicht von ihnen überwältigt wirst.

Der folgende **Selbst-Check** hilft dir dabei:

1. Bist du in Kontakt mit deinen Gefühlen?

Fühle kurz in dich hinein und frage dich: *„Was fühle ich gerade?"* Häufig verdrängen wir Stress und bemerken nicht, wie sich Anspannung in unserem Körper aufbaut. Nimm dir jeden Tag 2 Minuten, um bewusst einzuchecken und deine Gefühle wahrzunehmen.

2. Wie steht es um deine Energie?

Stell dir die Frage: *„Wie viel Energie habe ich heute auf einer Skala von 1 bis 10?"* Wenn du deine Energie konstant im unteren Bereich erlebst, ist das ein klares Signal, deine Gewohnheiten zu überprüfen und dich zu fragen, was dich gerade ausbrennt.

3. Setzt du noch bewusst Grenzen?

Ein wichtiger Indikator für deine Resilienz ist deine Fähigkeit, weiterhin „Nein" zu sagen. Frage dich: *„Habe ich in der letzten Woche bewusst Zeit für mich selbst reserviert und meine Grenzen respektiert?"* Wenn die Antwort „Nein" lautet, überlege dir, welche Grenze du heute setzen kannst.

4. Verlierst du oft die Kontrolle über deine Gedanken?

Wenn du merkst, dass deine Gedanken sich unkontrolliert in Spiralen bewegen, nimm dir eine kurze Pause und stelle dir folgende Frage: *„Sind diese Gedanken wirklich wahr?"*

Nutze das Stopp-und-Frage-Prinzip, um dich wieder zu zentrieren.

5. Gönnst du dir täglich einen Moment der Stille?

Stelle sicher, dass du dir jeden Tag mindestens 5 Minuten der Stille gönnst. Es muss keine Meditation sein – manchmal reicht es, einfach einen Moment innezuhalten und die Augen zu schließen. Frage dich am Ende des Tages: *„Wann habe ich heute einen Moment der Stille erlebt?"*

❖ Gelassenheit als tägliche Übung

Gelassen stark zu sein, ist kein Endzustand, sondern eine tägliche Übung. Es bedeutet nicht, niemals Stress zu empfinden oder immer perfekt mit allem umzugehen. Es bedeutet, bewusst und achtsam auf dich zu achten und den Mut zu haben, alte Muster immer wieder neu zu überprüfen und zu korrigieren.

Der Alltagstest für deine Resilienz besteht darin, dich nicht zu verurteilen, wenn du scheiterst, sondern das Scheitern als Chance zu sehen, es beim nächsten Mal besser zu machen. Resilienz ist eine tägliche Entscheidung – die Entscheidung, dich selbst zu stärken und bewusst auf deinen eigenen Weg zu achten.

Du bist weit gekommen. Du hast gelernt, die Stürme zu durchstehen und den Stress zu relativieren. Jetzt geht es darum, das Gelernte zu leben und weiter zu pflegen – Tag für Tag.

Teil 4: Der Held in dir - Deine Geschichte schreiben

Schreib deine eigene Geschichte - Jetzt!

❖ Warum die Hauptrolle in deinem Leben dir gehört

Manchmal fühlen wir uns wie Statisten in unserem eigenen Leben - wie Nebendarsteller in einer Geschichte, die jemand anderes schreibt. Wir lassen uns von den Anforderungen der Arbeit, den Erwartungen der Gesellschaft und den Wünschen anderer leiten, bis wir eines Tages aufwachen und uns fragen: **„Wessen Leben lebe ich hier eigentlich? "**

Max hatte sich genau diese Frage gestellt, als er eines Abends spät nach Hause kam und seine schlafenden Kinder im Dunkeln ansah. Er realisierte, dass er ständig auf „Autopilot" lief, von einem Meeting zum nächsten hetzte und sich von Erwartungen antreiben ließ, die er nie selbst gewählt hatte. Doch dann traf er eine Entscheidung: **„Ich schreibe meine Geschichte neu. "**

Die Wahrheit ist: Die Hauptrolle in deinem Leben gehört nur dir. Es ist deine Geschichte, und du kannst entscheiden, wohin sie geht. Das bedeutet nicht, dass du die Kontrolle über alles hast - aber du hast die Kontrolle darüber, wie du auf alles reagierst. Du kannst dich entscheiden, aus deinen Krisen zu lernen, Herausforderungen als Chancen zu sehen und die Regie in deinem eigenen Leben zu übernehmen.

❖ Eine Einladung zur Selbstgestaltung

Nina, Sarah, Max und Jonas haben alle erkannt, dass sie die Fähigkeit besitzen, ihre eigene Geschichte zu gestalten. Und das gilt auch für dich. Es geht nicht darum, eine perfekte Erzählung zu entwerfen, sondern darum, bewusst zu entscheiden, welche Rolle du in deinem eigenen Leben spielen willst.

Nimm dir einen Moment und stelle dir vor, du würdest dein Leben wie einen Film oder ein Buch schreiben. Was würde in der nächsten Szene passieren? Wer wärst du? Welche Veränderungen würdest du vornehmen? Welche Krisen möchtest du überwinden, und wie würdest du sie bewältigen?

Statt die Verantwortung für deine Geschichte abzugeben, lade ich dich ein, bewusst zu gestalten und mutig die Hauptrolle einzunehmen. Du hast die Stürme erlebt und die Resilienz-Werkzeuge gelernt. Jetzt geht es darum, dein eigenes Drehbuch zu schreiben.

❖ Entwickle deinen persönlichen Resilienz Plan

Ein Resilienz Plan ist wie eine Landkarte – er hilft dir, dich zu orientieren und immer wieder neu zu justieren, wenn der Alltag chaotisch wird. Er sollte individuell, flexibel und umsetzbar sein. Hier sind die Schritte, wie du deinen eigenen **Resilienz Plan** erstellen kannst:

1. Deine Resilienz-Cheatsheets erstellen

Cheatsheets sind kleine Spickzettel, die dir im Alltag helfen, schnell auf deine Resilienz-Werkzeuge zuzugreifen. Du kannst sie als Notizen in deinem Handy speichern, als Karteikarten erstellen oder einfach an deinen Kühlschrank hängen. Hier sind ein paar Beispiele:

- „*Sofort erden*": Die 5-4-3-2-1 Methode - Wende sie an, wenn dich der Stress überrollt.

- „*Pause einlegen*": Erinnerung, alle zwei Stunden eine Mikro-Pause zu machen.

- „*Gedanken checken*": Das Stopp-und-Frage-Prinzip: „Ist das gerade wirklich so schlimm?"

- „*Ankerpunkt setzen*": Ein Mantra oder ein Symbol, das dich an deine innere Stärke erinnert (z. B. „Ich bin stark genug" oder ein kleines Steinchen).

2. Erstelle deinen „Stärken- und Schwächen-Kompass"

Reflektiere, was deine Stärken sind und in welchen Bereichen du noch Unterstützung brauchst. Nimm dir ein Blatt Papier und zeichne einen Kreis. Teile ihn in zwei Hälften: „Stärken" und „Schwächen". Schreibe auf, was dich stark macht und welche Gewohnheiten oder Gedankenmuster dich schwächen. Nutze dieses Cheatsheet als Kompass, um dich immer wieder neu auszurichten.

3. Setze klare Ziele für deinen Alltag

Es ist schwer, Resilienz zu stärken, wenn du dich von einem Problem zum nächsten hangelst, ohne bewusst zu wissen, was du eigentlich erreichen möchtest. Schreibe

dir ein paar einfache, konkrete Ziele auf, die du in deinem Alltag umsetzen möchtest.
Zum Beispiel:

- „In der nächsten Woche werde ich mindestens einmal am Tag bewusst ‚Nein' sagen."
- „Ich werde jeden Morgen 5 Minuten in Stille verbringen, bevor ich in den Tag starte."
- „Ich werde eine Abendroutine einführen, um besser abzuschalten."

4. Dein „Grüne-Zone-Selbst-Check" für den Alltag

Definiere, was für dich die „grüne Zone" bedeutet – also den Zustand, in dem du dich wohl und ausgeglichen fühlst. Stelle dir jeden Tag die folgenden Fragen:

- „Wie fühle ich mich heute auf einer Skala von 1 bis 10?"
- „Habe ich heute auf meine Bedürfnisse gehört?"
- „Was kann ich heute tun, um meinen Stress zu reduzieren?"

Diese Fragen helfen dir, im Alltag auf Kurs zu bleiben und bewusst zu reflektieren, ob dein Stresslevel im grünen Bereich ist.

5. Dein persönliches Ritual zur Rückbesinnung

Ein Ritual zur Rückbesinnung ist eine einfache Gewohnheit, die dir hilft, dich täglich mit deiner inneren Stärke zu verbinden. Max hat für sich ein einfaches Abendritual entwickelt: Bevor er ins Bett geht, setzt er sich auf die Bettkante, schließt die Augen und reflektiert kurz über den Tag.

Er fragt sich: „*Was habe ich heute gut gemacht? Und wofür bin ich dankbar?* "

Du kannst dein eigenes Ritual zur Rückbesinnung entwickeln – ob es ein Gebet, eine Atemübung oder eine Dankbarkeitsliste ist. Wichtig ist, dass es dir hilft, dich regelmäßig neu zu erden und deine Resilienz bewusst zu stärken.

❖ Werde der Autor deiner Geschichte

Die Hauptrolle in deinem Leben gehört dir – und das ist eine große Verantwortung, aber auch eine große Freiheit. Es geht nicht darum, das perfekte Drehbuch zu schreiben oder alle Antworten zu kennen. Es geht darum, bewusst Entscheidungen zu treffen und deine Geschichte aktiv zu gestalten.

Vielleicht gibt es Kapitel, die dir nicht gefallen. Vielleicht gibt es Szenen, die schmerzhaft sind. Aber vergiss nicht: Du kannst immer wieder neu ansetzen, ein neues Kapitel beginnen, den Verlauf der Handlung ändern.

Werde der Held in deiner eigenen Geschichte. Das bedeutet nicht, dass du immer stark sein musst, sondern dass du bereit bist, die Verantwortung für dein Leben zu übernehmen. Entwickle deinen Resilienz Plan, pflege deine Gewohnheiten und erinnere dich daran, dass du der Autor bist – und dass du die Freiheit hast, deine Geschichte jeden Tag neu zu schreiben.

Resilienz-Mantras für jeden Tag

❖ Weil Worte Macht haben

Manchmal sind es nicht die großen Reden, sondern die kleinen Worte, die uns aufrecht halten. Ein einfaches „Ich schaffe das" in einer stressigen Situation, ein „Das geht vorbei" in einem Moment der Angst - Worte haben die Macht, uns zu erden, uns Hoffnung zu geben und uns zu erinnern, dass wir stärker sind, als wir glauben. Resilienz-Mantras sind wie mentale Anker, die uns in Krisenmomenten festhalten und uns daran erinnern, wer wir sind.

Sarah, Max, Nina und Jonas haben alle ihre eigenen Mantras entwickelt, die ihnen in schweren Momenten geholfen haben. Sarah hielt sich oft an den Satz „Ein Schritt nach dem anderen" fest, wenn die Aufgaben sich türmten. Max schrieb sich das Mantra „Ich wähle Gelassenheit" auf einen Zettel und legte ihn in seine Jackentasche. Diese Mantras sind wie kleine Stützen, die uns daran erinnern, dass wir die Kontrolle haben - auch wenn das Leben uns etwas anderes weismachen will.

❖ 10 Mantras, die dir in Krisenmomenten den Rücken stärken

Hier sind zehn Mantras, die dir in schwierigen Momenten den Rücken stärken können. Wähle die aus, die dich am meisten ansprechen, oder forme sie nach deinem eigenen

Stil um. Wichtig ist, dass sie sich für dich authentisch anfühlen und dir Kraft geben.

1. „Gut genug ist genug."
Perfektionismus ist oft der stille Feind unserer inneren Ruhe. Dieses Mantra erinnert dich daran, dass du nicht perfekt sein musst, um wertvoll zu sein.

2. „Ich bin stark genug, um das zu überstehen."
Manchmal braucht es nur die Erinnerung daran, dass du in der Vergangenheit schon viele Herausforderungen gemeistert hast.

3. „Ich atme ein, ich atme aus."
Ein simples, aber kraftvolles Mantra, das dich daran erinnert, im Moment zu bleiben und dich auf deinen Atem zu konzentrieren, wenn das Chaos dich überrollt.

4. „Ich bin der Held meiner eigenen Geschichte."
Dieses Mantra ist eine bewusste Erinnerung daran, dass du die Macht hast, deine Entscheidungen zu treffen und deine eigene Geschichte zu schreiben.

5. „Alles, was ich brauche, steckt bereits in mir."
Oft suchen wir nach Lösungen im Außen, doch viele Antworten liegen in uns. Dieses Mantra stärkt dein Vertrauen in deine eigene Intuition.

6. „Dieser Moment ist nicht mein ganzes Leben."
In Krisen fühlen sich Probleme oft überwältigend an. Doch dieses Mantra erinnert dich daran, dass ein schwieriger Moment nicht deine ganze Geschichte ist.

7. „Ich habe die Wahl, wie ich reagiere."
Du kannst nicht immer kontrollieren, was dir widerfährt,

aber du kannst wählen, wie du darauf reagierst. Dieses Mantra stärkt deine Selbstwirksamkeit.

8. „Jeder Sturm geht irgendwann vorüber. "
Inmitten eines Sturms scheint es oft, als würde er nie enden. Doch dieses Mantra erinnert dich daran, dass kein Sturm für immer wütet.

9. „Ich erlaube mir, Fehler zu machen. "
Perfektionismus ist ein großer Feind der Gelassenheit. Dieses Mantra gibt dir die Erlaubnis, Mensch zu sein - unperfekt und dennoch gut genug.

10. „Ich bin genug, genauso, wie ich bin. "
Oft fühlen wir uns ungenügend, weil wir uns ständig mit anderen vergleichen. Dieses Mantra erinnert dich daran, dass dein Wert nicht von äußeren Maßstäben abhängt.

❖ Kleine Erinnerungen für den Alltag

Diese Mantras wirken am besten, wenn du sie dir täglich ins Gedächtnis rufst. Hier sind ein paar kreative Ideen, wie du sie in deinen Alltag integrieren kannst:

1. Sticks für den Spiegel

Notiere deine wichtigsten Mantras auf kleine Haftnotizen und klebe sie an deinen Badezimmerspiegel. So wirst du jeden Morgen und jeden Abend daran erinnert, wer du bist und welche Kraft in dir steckt. Du könntest beispielsweise „Ich bin stark genug " oder „Gut genug ist genug " aufschreiben und am Spiegel platzieren, damit es zu deinem täglichen Ritual wird, diese Worte zu lesen.

2. Erinnerungen auf dem Handy

Stelle dir tägliche Erinnerungen auf deinem Handy ein, die dir deine Mantras ins Bewusstsein rufen. Du könntest eine Erinnerung um 12 Uhr einstellen, die dich daran erinnert, „Ich wähle Gelassenheit " zu sagen. Diese kleinen Nachrichten werden zu unerwarteten Stützen im Laufe des Tages.

3. Mantra-Karten für den Geldbeutel

Gestalte kleine Karten mit deinen Lieblingsmantras und bewahre sie in deinem Geldbeutel auf. Wann immer du siehst, wie dein Stresslevel steigt, kannst du eine Karte herausnehmen und bewusst lesen. Diese Mantra-Karten sind wie persönliche Glücksbringer - klein genug, um dich überall hin zu begleiten, aber stark genug, um dich an deine Resilienz zu erinnern.

4. Mantra-Hintergrund auf deinem Bildschirm

Gestalte ein Hintergrundbild für deinen Computer oder dein Handy mit deinem Mantra. Dies könnte einfach der Satz „Jeder Sturm geht vorüber " auf einem beruhigenden Bild sein. Jedes Mal, wenn du dein Handy entsperrst oder deinen Laptop öffnest, wird dir dieser Satz Kraft geben.

5. Der Mantra-Notizblock für dein Büro

Lege dir einen kleinen Notizblock auf deinen Schreibtisch, auf dem du jeden Tag ein Mantra aufschreibst. Dies kann Teil deiner Morgenroutine werden - eine bewusste Erinnerung daran, dass du dir selbst ein Versprechen gibst, dich trotz Stress und Herausforderungen zu stärken.

❖ Die Macht der kleinen Worte

Mantras sind mehr als nur Worte. Sie sind Anker, Leitplanken und Wegweiser in deinem Alltag. Sie erinnern dich daran, dass du die Kraft hast, durch Stürme zu gehen, und dass du die Verantwortung für deine Reaktionen trägst.

Nimm dir einen Moment und wähle ein Mantra aus, das dir besonders gut gefällt. Schreib es auf und halte es fest. Erinnere dich daran, dass du in deiner Geschichte die Hauptrolle spielst – und dass diese kleinen Worte dir in den schwierigsten Momenten die Richtung weisen können.

Epilog: Das Abenteuer hat gerade erst begonnen

Wenn du bis hierher gelesen hast, dann hast du bereits einen weiten Weg zurückgelegt. Du hast erfahren, wie Stress sich anfühlt und was es bedeutet, sich in einem emotionalen Sturm zu verlieren. Du hast von Lisa, Sarah, Max, Nina und Jonas gelernt, wie unterschiedlich die Herausforderungen aussehen können - und wie individuell die Lösungen sind. Du hast deine Werkzeuge geschärft, deine Gewohnheiten reflektiert und deinen persönlichen Resilienz Plan erstellt.

Doch die Wahrheit ist: **All das war erst der Anfang.** Es gibt kein „fertig " in diesem Abenteuer namens Leben, und das ist auch gut so. Denn sobald du begreifst, dass das Chaos ein Teil der Reise ist, und nicht etwas, das du fürchten musst, kannst du dich auf alles freuen, was kommt - sogar auf die stürmischen Tage.

❖ Warum du dich ab jetzt auf alles freuen kannst - selbst auf das Chaos

Du hast vielleicht bemerkt, dass es in diesem Buch nicht darum ging, den Stress komplett aus deinem Leben zu verbannen oder eine perfekte Gelassenheit zu erreichen. Das ist nicht das Ziel. Das Ziel ist vielmehr, eine neue Beziehung zum Chaos zu entwickeln. Anstatt es zu fürchten, kannst du lernen, es zu umarmen - nicht, weil du es genießt, sondern weil du weißt, dass du die Kraft hast, es zu meistern.

Die Dinge werden weiterhin schiefgehen. Menschen werden dich enttäuschen, Pläne werden platzen, und das Leben wird dich manchmal unvorbereitet treffen. Aber jetzt bist du bereit. Jetzt hast du die Werkzeuge und die innere

Stärke, um auf all das anders zu reagieren. Und das gibt dir die Freiheit, dich auf das Abenteuer des Lebens einzulassen.

Du hast gelernt, dass Herausforderungen dich nicht definieren, sondern dich formen. Dass Fehler keine Katastrophen sind, sondern Gelegenheiten zum Lernen. Dass die dunkelsten Stürme die tiefsten Wurzeln hervorbringen. Mit dieser Erkenntnis kannst du dich selbst in den chaotischsten Momenten an dein Mantra erinnern und sagen: **„Ich schaffe das. "**

❖ Das Leben bleibt ein Abenteuer

Ab jetzt geht es nicht mehr darum, den Sturm zu vermeiden, sondern darin zu tanzen. Es geht darum, die kleinen Momente der Gelassenheit zu pflegen, die Mantras zu wiederholen, die dir Kraft geben, und dich immer wieder daran zu erinnern, dass du die Hauptrolle in deiner eigenen Geschichte spielst.

Und wenn du stolperst – was du garantiert tun wirst – erinnere dich daran, dass das kein Scheitern ist. Es ist nur eine Szene in einer langen Geschichte. Eine Szene, die du irgendwann umschreiben kannst, wenn du bereit bist.

Das Abenteuer hat gerade erst begonnen, und jetzt liegt es an dir, die Reise fortzusetzen. Sei gespannt auf das, was kommt, sei bereit, dich herauszufordern, und sei offen für das Unvorhersehbare. Denn das Chaos gehört dazu – und mit den richtigen Werkzeugen in der Hand, kannst du dich sogar darauf freuen.

Ein letztes Wort:

Dein Leben ist eine Geschichte, die noch nicht vollständig geschrieben ist. Und du bist der Held, der entscheidet, wohin die Reise geht. Also nimm den Stift in die Hand, umarme das Chaos und schreibe deine Geschichte mutig weiter.

Zusätzliche Inhalte

Cheatsheets und Notfallpläne: Die besten Tipps und Tools auf einen Blick

Manchmal braucht man einfach eine schnelle Erinnerung oder einen kleinen Leitfaden, wenn das Chaos überhandnimmt. Cheatsheets sind kurze Spickzettel, die dir in stressigen Momenten Orientierung geben. Hier findest du die besten Tipps und Tools, um in herausfordernden Situationen schnell reagieren zu können:

Cheatsheet 1: Schnell zur Ruhe finden

1. 3-Minuten-Atemübung: Schließe die Augen, atme tief ein und zähle dabei bis fünf. Halte den Atem für zwei Sekunden an, und atme dann langsam aus. Wiederhole dies dreimal.

2. Die 5-4-3-2-1-Methode: Sieh dir fünf Dinge an, höre auf vier Geräusche, fühle drei Dinge, rieche zwei Gerüche und schmecke eine Sache. Diese Übung hilft dir, dich schnell zu erden.

3. Das „Stopp-und-Frage"-Prinzip: Sag dir selbst „Stopp!" und frage: „Was genau stresst mich gerade, und ist es wirklich so schlimm?"

Cheatsheet 2: Stress sofort abbauen

1. **Die Power-Posture:** Stehe auf, strecke die Arme nach oben und mache dich so groß wie möglich. Atme tief ein und aus, während du dir selbst sagst: „Ich bin stark."

2. **Mini-Spaziergang:** Gehe zwei Minuten lang an der frischen Luft. Konzentriere dich dabei nur auf deine Schritte und deinen Atem.

3. **Kopfrücken-Entspannung:** Massiere den Punkt an deinem Nackenansatz für 30 Sekunden in kleinen Kreisen, um die Anspannung zu lösen.

Cheatsheet 3: Soforthilfe bei Grübel-Attacken

1. **Der Gedanken-Check:** Wenn deine Gedanken in Endlosschleifen kreisen, stell dir die Frage: „Kann ich dieses Problem jetzt lösen?" Wenn nicht, verschiebe es bewusst auf einen späteren Zeitpunkt.

2. **Gedanken sortieren:** Schreibe die Gedanken auf, die dich beschäftigen, und lege den Zettel zur Seite. Die physische Handlung des Aufschreibens hilft, den Kopf frei zu bekommen.

3. **Dein persönliches Mantra:** Wiederhole ein Mantra, das dir Kraft gibt, wie „Dieser Moment ist nicht mein ganzes Leben" oder „Ich habe die Wahl, wie ich reagiere."

Cheatsheet 4: Emotionen regulieren und klare Gedanken fassen

1. Der „Emotionen-Reset": Wenn du von deinen Emotionen überwältigt wirst, stelle dir eine Ampel vor:
  - Rot: Stoppe, atme tief ein und benenne die Emotion („Ich fühle mich wütend ").
  - Gelb: Frage dich: „Was will mir diese Emotion sagen? "
  - Grün: Entscheide bewusst, wie du reagieren möchtest.

2. Die „3-Minuten-Ausrichtungsübung ": Setze dich aufrecht hin, schließe die Augen und richte dich innerlich auf. Frage dich: „Was ist in diesem Moment wirklich wichtig? "

3. Das „Emotionstagebuch ": Wenn du regelmäßig mit starken Emotionen zu kämpfen hast, notiere dir, wann und in welchem Kontext sie auftreten. Das hilft dir, Muster zu erkennen und bewusster damit umzugehen.

Cheatsheet 5: Gedanken klären und Stress loslassen

1. Der „5-Minuten-Brain-Dump ": Nimm ein Blatt Papier und schreibe ohne Filter alles auf, was dir durch den Kopf geht. Sei ehrlich und halte dich nicht zurück. Danach falte den Zettel und lege ihn zur Seite. Dein Kopf wird sich freier anfühlen.

2. Die „Ein-Satz-Lösung ": Wenn du dich in einer endlosen Gedankenschleife verhedderst, versuche, das Problem auf einen Satz zu reduzieren. Zum Beispiel: „Ich mache mir Sorgen, dass ich die Deadline nicht schaffe. "

Wenn du es aufschreibst, verliert das Problem oft an Gewicht.

3. Der „Visualisierungs-Trick": Stell dir deine Sorgen oder negativen Gedanken als Ballon vor, den du festhältst. Atme tief ein und aus, und lass den Ballon bewusst los. Stelle dir vor, wie er immer kleiner wird, bis er am Horizont verschwindet.

Cheatsheet 6: Energiebooster für müde Tage

1. Die „2-Minuten-Energie-Atmung": Atme tief ein und zähle dabei bis vier. Halte den Atem für zwei Sekunden an, und atme dann kraftvoll aus, während du bis sechs zählst. Diese Atemtechnik hilft, deine Energie schnell zu steigern.

2. Der „Schulter-Release": Stehe auf, hebe die Schultern so hoch wie möglich und lass sie dann bewusst fallen. Wiederhole das fünfmal, um Spannungen zu lösen und die Durchblutung zu fördern.

3. Das „Mini-Stretching": Stehe auf und strecke die Arme weit über den Kopf. Dann dehne dich abwechselnd zur linken und rechten Seite, als ob du einen unsichtbaren Stern greifen wolltest. Diese Übung bringt deinen Kreislauf in Schwung.

Cheatsheet 7: Sofortige Klarheit in Konflikten

1. Die „3-Sekunden-Check"-Regel: Wenn du in einen Konflikt gerätst, halte drei Sekunden inne und atme bewusst ein, bevor du antwortest. Diese kurze Pause hilft dir, impulsives Reagieren zu vermeiden.

2. Die „Perspektivwechsel-Frage": Frage dich: „Wie würde eine Person, die ich bewundere, in dieser Situation reagieren?" Dies hilft, dich aus deiner eigenen Emotion herauszuholen und mit Klarheit zu handeln.

3. Die „Sanduhr-Technik": Stelle dir vor, dass du eine Sanduhr umdrehst, wenn ein Konflikt aufkommt. Visualisiere, wie der Sand langsam durchrieselt, und nutze diese Zeit, um deine Worte und Reaktionen zu überdenken.

Cheatsheet 8: Fokus wiederfinden und produktiv bleiben

1. Die „Pomodoro-Technik": Stelle einen Timer auf 25 Minuten, in denen du dich vollständig auf eine Aufgabe konzentrierst. Danach nimm dir fünf Minuten Pause. Wiederhole das nach Bedarf. Diese Technik hilft dir, dich über längere Zeit fokussiert zu halten.

2. Der „5-Minuten-Aufgaben-Plan": Teile deine Aufgaben in kleine 5-Minuten-Einheiten auf. Wenn du dich überfordert fühlst, konzentriere dich einfach nur auf die nächste 5-Minuten-Aufgabe.

3. Das „Eins-nach-dem-Anderen"-Prinzip: Wenn du das Gefühl hast, alles gleichzeitig erledigen zu müssen, erinnere dich: „Alles zu seiner Zeit." Schreibe eine Reihenfolge auf und arbeite Punkt für Punkt ab, ohne über die nächsten Aufgaben nachzudenken.

Cheatsheet 9: Mindfulness im Alltag verankern

1. Die „Bewusste Tasse Tee"-Technik: Mach eine Tasse Tee (oder Kaffee) und setze dich ohne Ablenkung hin.

Trinke jeden Schluck bewusst und achte auf den Geschmack, die Temperatur und das Gefühl.

2. Das „Lampenlicht-Bewusstsein": Jedes Mal, wenn du eine Lampe einschaltest oder ein Fenster öffnest, erinnere dich daran, innezuhalten und drei tiefe Atemzüge zu nehmen. Diese kleinen Momente helfen dir, Achtsamkeit in den Alltag zu integrieren.

3. Der „Pause-zum-Hören"-Trick: Nimm dir eine Minute Zeit und schließe die Augen. Konzentriere dich nur auf die Geräusche um dich herum. Dies hilft, deine Sinne zu schärfen und den Moment bewusster wahrzunehmen.

Cheatsheet 10: „Nein" sagen ohne schlechtes Gewissen

1. Die „30-Sekunden-Pause": Bevor du auf eine Anfrage antwortest, nimm dir 30 Sekunden, um bewusst zu entscheiden. Sag dir: „Ich nehme mir Zeit für meine Antwort."

2. Die „Danke-aber-Methode": Wenn du eine Bitte ablehnst, formuliere es so: „Danke, dass du an mich denkst, aber ich habe leider keine Kapazität dafür." Diese Methode zeigt Wertschätzung und Klarheit zugleich.

3. Das „Nein-Reflexionsheft": Führe ein kleines Heft, in das du Situationen notierst, in denen du „Nein" gesagt hast und wie es sich angefühlt hat. Mit der Zeit wirst du erkennen, dass das „Nein" dir mehr Freiheit gibt.

Diese Cheatsheets sind wie eine Art Notfallkoffer, den du immer bei dir hast. Sie sollen dir helfen, in schwierigen Momenten Orientierung zu finden und dich schnell wieder auf Kurs zu bringen. Drucke sie aus, hänge sie an den Kühlschrank, speichere sie auf deinem Handy - was immer dir hilft, sie in deinem Alltag präsent zu halten. Sie sind deine kleinen, aber mächtigen Helfer, um den Stress zu meistern und deine Resilienz zu stärken.

Reflexionsfragen für zwischendurch: Kleine Check-ins, um den Kopf klar zu halten

Kleine Check-ins sind wie mentale Zwischenstopps, die dir helfen, deinen Stresslevel zu überprüfen und bewusster mit dir umzugehen. Hier sind einige Reflexionsfragen, die du dir im Laufe des Tages stellen kannst:

1. „Wie geht es mir gerade wirklich? "
Halte inne und überprüfe, wie du dich körperlich und emotional fühlst. Achte besonders auf Anzeichen von Anspannung, Müdigkeit oder Überforderung.

2. „Welche Gedanken beschäftigen mich gerade? "
Nimm dir einen Moment, um deine aktuellen Gedanken zu beobachten, ohne sie zu bewerten. Sind sie negativ, neutral oder positiv?

3. „Habe ich heute schon eine Pause gemacht? "
Wenn die Antwort „Nein " lautet, plane jetzt bewusst eine kurze Pause ein.

4. „Worauf bin ich heute stolz?"
Erkenne die kleinen Erfolge des Tages an. Es können einfache Dinge sein, wie eine Aufgabe zu erledigen oder jemandem ein Lächeln zu schenken.

5. „Habe ich gerade wirklich alles unter Kontrolle?"
Erinnere dich daran, dass du nicht alles kontrollieren musst. Überprüfe, ob du unnötigen Druck auf dich selbst ausübst.

6. „Welcher Gedanke belastet mich gerade am meisten?"
Diese Frage hilft dir, die Hauptursache deines inneren Stresses oder Unbehagens zu identifizieren. Manchmal ist es nur ein bestimmter Gedanke, der dir die Energie raubt. Sobald du ihn erkannt hast, kannst du überlegen, wie du damit umgehen möchtest.

7. „Welche Entscheidung schiebe ich gerade auf?"
Wenn wir Entscheidungen hinauszögern, sammeln sich oft Stress und Unsicherheit an. Überlege, ob es eine Entscheidung gibt, die du bisher vermieden hast, und frage dich, was der nächste kleine Schritt wäre, um sie anzugehen.

8. „Was gibt mir heute Energie, und was raubt sie mir?"
Diese Reflexionsfrage ist besonders hilfreich, um herauszufinden, welche Aktivitäten, Menschen oder Situationen dir Kraft geben und welche dich auslaugen. Sobald du das erkennst, kannst du mehr von dem in deinen Tag einbauen, was dir Energie gibt, und das reduzieren, was dich erschöpft.

9. „Wofür bin ich in den letzten 24 Stunden dankbar gewesen? "
Dankbarkeit hat eine unmittelbare positive Wirkung auf unsere Stimmung und hilft uns, uns auf die positiven Aspekte des Lebens zu konzentrieren. Indem du regelmäßig darüber nachdenkst, für welche kleinen Dinge du dankbar bist, kannst du deinen Blickwinkel in stressigen Zeiten verändern.

10. „Was würde ich meinem besten Freund/meiner besten Freundin in meiner Situation raten? "
Diese Frage hilft dir, aus deiner eigenen Perspektive herauszutreten und deine Situation objektiver zu betrachten. Oftmals sind wir zu hart zu uns selbst, aber wenn wir uns vorstellen, jemand anderem die Ratschläge zu geben, sind wir klarer und mitfühlender.

❖ Mikro-Pausen-Übersicht: 5-Minuten-Übungen für unterwegs und zwischendurch

Mikro-Pausen sind kleine Inseln der Ruhe inmitten eines hektischen Tages. Sie müssen nicht lange dauern, um effektiv zu sein. Hier sind einige 5-Minuten-Übungen, die du zwischendurch einbauen kannst:

1. Die „Atem-Oase "
Setze dich bequem hin, schließe die Augen und lege deine Hände auf den Bauch. Atme tief ein und spüre, wie sich dein Bauch hebt. Atme dann langsam aus, und beobachte, wie sich dein Bauch wieder senkt. Mache das fünfmal und konzentriere dich nur auf deinen Atem.

2. Der „Mini-Spaziergang"

Stehe auf und gehe langsam und bewusst durch den Raum, das Büro oder die Wohnung. Achte dabei auf deine Schritte und versuche, den Boden unter deinen Füßen wahrzunehmen. Jede Bewegung soll ruhig und kontrolliert sein, ohne Eile.

3. Die „1-Minuten-Körperreise"

Schließe die Augen und stelle dir vor, dass du langsam durch deinen Körper wanderst. Beginne bei deinen Füßen und gehe Schritt für Schritt nach oben. Fühle in jede Körperregion hinein und entspanne bewusst jede Stelle, die angespannt ist.

4. Die „Kaffeepause für die Sinne"

Wenn du einen Kaffee oder Tee trinkst, mache daraus ein bewusstes Ritual. Schmecke den ersten Schluck ganz genau, fühle die Wärme der Tasse in deinen Händen, rieche das Aroma und höre die Geräusche um dich herum. Nimm den Moment bewusst wahr.

5. Das „Notfall-Lächeln"

Auch wenn du dich gerade nicht danach fühlst, zwinge dich, für 30 Sekunden zu lächeln. Dein Gehirn wird darauf reagieren und Glückshormone ausschütten, die deine Laune heben.

❖ Ein kleiner Plan für jeden Tag

Cheatsheets, Reflexionsfragen und Mikro-Pausen sind kleine, aber kraftvolle Helferlein, um deinen Alltag bewusster und stressfreier zu gestalten. Sie sind wie eine mentale Notfallausrüstung, die du immer griffbereit hast. Erinnere dich daran, dass Resilienz nicht ein einziges Ziel ist, sondern eine tägliche Praxis. Nutze diese Werkzeuge, um dich immer wieder neu zu erden, deinen Kopf klar zu halten und das Leben in vollen Zügen zu leben - selbst inmitten des Chaos.

Entdecken Sie weitere großartige Bücher:

> https://www.amazon.de/dp/B0D7PX1HG9

Hast du das Gefühl, dass etwas Entscheidendes in deinem Leben fehlt?
Fragst du dich oft, was deine wahre Bestimmung ist?
Sehnst du dich nach einem erfüllten und bedeutungsvollen Leben, weißt aber nicht, wo du anfangen sollst?

Wenn du diese Fragen mit „ja" beantwortest, ist **„Der Pfad zu deiner Bestimmung: die Abenteuer Reise ins Ich"** genau das Richtige für dich.

ASIN: B0D7NQNVPC
ASIN: B0D7PX1HG9
ASIN: B0D7QKYRVR

****

> https://www.amazon.de/dp/B0D8BNG3J8

"Du kannst mich mal & Ich bin dir dankbar"

Es ist eine humorvolle und effektive Methode zur Selbstreflexion und Dankbarkeit. Du wirst mehr Positive im Leben zu sehen, Stress abzubauen und eine gesunde Balance zwischen Alltag und innerer Ruhe finden.
Starte deine Reise zu mehr Gelassenheit, Freude und persönlichem Wachstum!

ASIN: B0D8BNG3J8
ASIN: B0D8H5CR4D

➢ https://www.amazon.de/dp/B0D8VN89VT

Fühlst du dich oft überfordert und ohne klare Richtung? Hast du das Gefühl, dass du ständig prokrastinierst und deine Ziele nie erreichst? Fragst du dich, wie du aus negativen Gewohnheiten ausbrechen und ein erfolgreicheres Leben führen kannst?

Sichere dir jetzt ein Exemplar von **"Wie werde ich zum Penner: Eine Anleitung zum Scheitern"** und starte deine Reise zu einem erfolgreichen und erfüllten Leben. Lass dich von den humorvollen und provokativen Geschichten inspirieren und finde heraus, wie du dein volles Potenzial entfalten kannst.

ASIN: B0D8VN89VT

****

➢ https://www. amazon. de/dp/B0DK6WTCNX

„Das Upgrade: Entdecke dein verdammt bestes ICH " ist dein persönlicher Wegweiser zur **Selbstentdeckung, Selbstakzeptanz** und dem **Entfalten deines vollen Potenzials.** Dieses Buch führt dich durch die Herausforderungen des Lebens und zeigt dir, wie du Schritt für Schritt dein **bestes Ich** leben kannst - ohne Perfektionsdruck, sondern mit **Humor, Ehrlichkeit** und einer klaren, motivierenden Anleitung.

Egal, ob im Alltag, im Job oder in Beziehungen - dieses Buch hilft dir, in jeder Lebenslage **authentisch und mutig** zu handeln.

Perfekt für alle, die nach **echter Transformation** und **persönlichem Wachstum** suchen.

ASIN: B0DK22WDDZ
ASIN: B0DK6WTCNX

Ich erstelle meine Bücher mit größter Liebe und Sorgfalt. Dennoch sind Fehler nicht immer vermeidbar. Sollte dein Exemplar Mängel aufweisen, wie etwa eine fehlerhafte Bindung oder Druckfehler, wende dich bitte an die Plattform, über die du das Buch erworben hast, um Ersatz zu erhalten.

Für weitere Anliegen stehe ich dir gerne per E-Mail:
Lik.Verlag@gmail.com

Falls dir dieses Buch gefallen hat, würde ich mich sehr über eine Bewertung auf Amazon freuen. Deine positive Rezension kann mir enorm weiterhelfen. Vielen Dank für deine Unterstützung!

www.ingramcontent.com/pod-product-compliance
Lightning Source LLC
Chambersburg PA
CBHW070147230526
45471CB00002B/560